KB186810

일해줘서 고마워요

일하는 행복을 실현한 무지개색 분필 회사의 기적

NIJIIRO NO CHALK

일해줘서
고마워요

초판 1쇄 인쇄 2017년 11월 22일
초판 1쇄 발행 2017년 11월 30일

지은이 고마쓰 나루미
옮긴이 권혜미
펴낸이 이희철
기획편집 김정연
마케팅 임종호
북디자인 디자인홍시
펴낸곳 책이있는풍경

등록 제313-2004-00243호(2004년 10월 19일)
주소 서울시 마포구 월드컵로31길 62(망원동, 1층)
전화 02-394-7830(대)
팩스 02-394-7832
이메일 chekpoong@naver.com
홈페이지 www.chaekpung.com

ISBN 979-11-88041-07-7 03320

값은 뒤표지에 있습니다.
잘못된 책은 바꿔드립니다.

이 도서의 국립중앙도서관 출판시도서목록(CIP)은 서지정보유통지원시스템 홈페이지(http://seoji.nl.go.kr)와 국가자료공동목록시스템(http://www.nl.go.kr/kolisnet)에서 이용하실 수 있습니다. (CIP제어번호 : CIP2017026155)

일해줘서 고마워요

일하는 행복을 실현한 무지개색 분필 회사의 기적

고마쓰 나루미 지음 | 권혜미 옮김

책/이/있/는/풍/경

Contents

PART III

일하는 행복을 실현하기 위해서

회사가 극복한 어려움

PART Ⅳ

분필 공장 집안에서 태어나

경영자로서의 천명

PART V

장애인과 그 가족이 살아가는 길

시작하며

그 회사의 창문은 반짝반짝 빛났다. 아름다운 일곱 빛깔 무지개, 꽃과 곤충과 별과 구름 그리고 사람들의 웃는 얼굴이 그 속에 비쳤다. 커다란 도화지가 된 2층 창문, 그 구석까지 펼쳐진 색채에 나는 마음을 빼앗겨버렸다. 그 자리에 멈춰 서서 위를 올려다보니 창문 안으로 사람들의 그림자가 보였다.

일하는 사람들의 실루엣은 마치 창문에 그려진 그림과도 같았다. 나는 그 그림자를 향해 손을 흔들었다.

창문으로 다가와 아래를 내려다보는 얼굴은 없을까? 나에게 손을 흔들어주는 사람은 없을까? 창문을 올려다보며 나는 기다렸다.

그러나 그림자는 창문에서 멀어졌고, 마침내 보이지 않게 되었다.

다마가와 강변에서 불어오는 바람이 머리카락과 두 뺨을 스치고 지나갔다.

사람들로 북적거리는 번화가를 벗어나 흙과 풀 향기를 맡으면서 나는 이곳에서 만날 사람들을 생각했었다.

도쿄 급행전철 덴엔토시 선에 있는 '후타코신치 역'. 동쪽 개찰구를 나와 왼쪽으로 걷다 보니 다미가와 강에 놓인 후타코 다리가 나왔다. 그곳에서 그리 멀지 않은 곳에 후타코 신사가 있었다. 신사 안에 세워진 날개를 펼친 백마 조각이 나의 시선을 사로잡았다. '보람'이라는 이름이 새겨진 그 커다란 백마 조각 기념비는 여류작가이자 예술가인, 오카모토 다로의 어머니 오카모토 가노코의 문학비다.

문학비를 지나 강 맞은편에 있는 계단을 올라가 횡단보도를 건넌 후 또다시 계단을 내려가자, 눈앞에 자전거 전용도로가 펼쳐졌다. 나는 강의 상류를 향해 걷다가 큰 고가도로를 빠져나왔다. 이윽고 다마가와 강의 지류인 히라세 강이 보였다.

강변 왼쪽으로 보이는 시멘트 저장탱크를 돌자 내가 찾아가기로 한 회사가 나타났다.

돌담 한편에 세워진 파란 간판에는 하얀색 문장으로 이렇게 적혀 있었다.

일본이화학공업주식회사.

완만하게 이어진 경사를 따라 올라가자 형형색색의 창문이 눈에 들어왔다.

"일본이화학공업의 이야기를 책으로 써보면 어떨까요? 그 회사를 경영하는 가족들과 그곳에서 일하는 사람들의 모습을 많은 이들에게 보여주고 싶어요."

겐토샤의 편집자인 사토 유키와 마루야마 사치코는 몇 번이나 이렇게 말하며 나를 설득했다. 그들과 함께 사옥 앞에 서서 창문을 올려다본 나는 긴장과 흥분이 뒤섞인 특별한 감정에 사로잡히기 시작했다.

젊고 청렴한 사토와 마루야마의 생각에 이끌려 이곳까지 온 감격. 오랜 기간에 걸쳐 회사를 쌓아 올리고 2009년에 시부사와 에이이치 상(시부사와의 정신을 이어받고, 기업활동과 사회공헌을 인정받은 기업가에게 주는 상)을 수상한 오야마 야스히로와 그에게서 경영을 이어받은 장남 다카히사를 만나 직접 이야기를 들을 수 있다는 흥미진진함. 그리고 이 회사에 근무하는 직원들을 취재할 수 있는 특별한 기회에 대한 감사.

이러한 감정들이, 서로 다른 물감이 녹아 하나로 섞이듯, 지금까지 한 번도 느껴본 적 없는 긴장감이 되어 온몸에 퍼져들었다.

가나가와 현 가와사키 시 다카쓰 구에 있는 일본이화학공업의 이름이 널리 알려진 계기 중의 하나는 2008년에 경영학자 사카모토 고지가 쓴 《일본에서 가장 소중한 회사(日本でいちばん大切にしたい会社)》라는 책이었다. 그리고 같은 해에 방영된 TV도쿄 방송 〈캄브리아 궁전(カンブリア宮殿)〉에서도 일본이화학공업의 경영방침을 소개했다. 그 후 직원 80명 정도인 이 작은 회사는 '일본에서 가장 소중한 회사'로 알려지게 되었다.

일본이화학공업은 분필을 만드는 회사다.

현재 일본의 분필 시장 점유율 50퍼센트를 차지하는 필두의 회사다. 그 제조라인에서 만들어내는 것은 가루 날림이 적은 가리비 껍데기를 원료로 한 '더스트리스 초크'와 유리나 화이트보드 등 매끈매끈한 소재에 발색 좋게 쓸 수 있고 젖은 천으로 쉽게 지울 수 있는 필기구인 '키트파스'다.

분필 회사가 왜 이렇게까지 주목을 받는 것일까? 거기에는 커다란 이유가 있다.

일본이화학공업에서 더스트리스 초크와 키트파스를 제조하는 대부분의 직원들은 지적장애인이고, 그중 절반은 중증장애인이기 때문이다.

'신체장애인 고용촉진법'이 '장애인의 고용촉진 등에 관한 법률'로 이름이 바뀐 1987년부터 장애인 고용 적용대상은 지적장애인에게까지 넓어졌다. 직원이 50명 이상인 기업은 장애인 2퍼센트를 고용할 의무가 생겼고, 대기업을 선두로 하여 장애인 고용은 서서히 증가했다. 그러나 장애인 고용 2퍼센트를 달성하고 있는 기업은 아직 전체의 40퍼센트에 미치지 못한다고 한다. 이렇듯 지적장애인의 취업문은 여전히 높다고 할 수 있다.

이러한 상황 속에서 직원의 70퍼센트가 지적장애인이고, 그들이 분필을 만드는 데 없어서는 안 될 생산라인 담당자인 일본이화학공업은 전 세계적으로 전례가 없는 기업이다.

그들이 만든 가루가 날리지 않는 더스트리스 초크는 전국 여러 학교에서 사용되고 있으며, 문구점 선반에 진열된 키트파스는 낙서를 좋아하는 어린이들을 더없이 행복하게 만들어준다.

지적장애라는 것은 엄청난 악조건이고 그들의 장애는 쉽게 넘어

설 수 없는 불행이라는 '상식'을 뒤엎은 일본이화학공업. 그들에게는 지적장애인을 고용하고 그들에게 일하는 기쁨을 알려주는 회사를 만들기 위해 매진해온 오랜 역사가 있었다.

그 역사의 문을 연 인물이 일본이화학공업의 회장 오야마 야스히로이고, 아버지에게서 철학과 사업을 물려받은 후 미래의 희망을 이어가고 있는 사람이 사장 오야마 다카히사다.

2층 창문을 잠시 바라보다가 현관으로 들어가 안내데스크에 이름을 말한 후 우리는 회의실에서 오야마 회장을 기다렸다. 곧 작은 체구의 한 여성이 쟁반에 일본차를 내왔다.

"안녕하세요? 실례하겠습니다."

이렇게 말해도 그녀는 대답하지 않았다. 조금 긴장한 표정으로 차를 놓고 문 앞에 선 후 발길을 돌려 복도로 사라졌다.

그때 나타난 오야마 야스히로 회장은 온화한 표정으로 우리를 맞으며 이렇게 말했다.

"방금 차를 내온 여성의 이름은 시부타니예요. 여기서 근무한 지 26년이 됐지요. 말은 그다지 잘하지 못하지만 외부에서 손님이 왔을 때는 항상 시부타니가 차를 내옵니다."

지적장애를 가진 사무직 직원이 회사의 얼굴이 되어 손님을 맞이한다, 이것이 당연한 업무가 되었다고 설명하는 오야마 회장의 목소리를 들으며 나는 다마가와 강변에서 풀을 흔들던 시원한 바람을 떠올렸다.

서로 명함을 주고받고 인사를 마친 후, 나는 오야마 회장에게 이렇게 말했다.

"지적장애인 고용의 선구자인 일본이화학공업의 훌륭한 업적을 책과 TV 방송을 통해 알게 됐습니다. 물론 그것도 자세히 취재하고 싶지만, 지금에 이르기까지 힘들었던 일들과 그 모든 것을 극복한 회장님과 사장님의 이야기 그리고 직원들의 도전과 그 과정에 대해서도 듣고 싶어 이렇게 찾아왔습니다."

오야마 회장은 태연한 표정으로 말을 꺼냈다.

"회사는 판매를 올리기 위해서만, 이익을 내기 위해서만 존재하는 것이 아니라고 생각합니다. 사람은 사람에게 도움이 되었을 때 비로소 행복을 느끼지요. 즐겁고 보람을 느끼는 일이 있어야 사람은 긍지를 가지게 됩니다. 나는 여기에서 일하는 사람들이 행복을 느낄 수 있는 그런 회사를 만들고 싶었습니다. 나는 그들에게 행복감을 주기 위해 존재하지요. 특별한 것은 아무것도 없습니다. 평범한 이야기밖에 해드릴 수가 없는데, 그래도 괜찮겠습니까?"

나는 "네!" 하고 대답한 후 또다시 말을 이었다.

"지적장애인 직원분들이 모두 일하는 기쁨을 느끼고 있더라고요. 그 모습과 거기에 이르기까지의 과정을 듣고 싶어요."

모방이 힘든 지적장애인들을 고용한 선구자로서 느낀 기쁨과 고난, 이 회사에 모인 사람들의 이야기를 한 권의 책으로 만들고 싶다는 나의 말이 끝나기가 무섭게 오야마 회장은 힘 있는 목소리로 말했다.

"사람은 일을 해야 누군가에게 도움을 줄 수 있습니다. 칭찬받고,

필요로 하는 존재가 되었을 때 사람은 살아가는 기쁨을 느낄 수 있지요. 집이나 시설에서 보호받는 것만으로는 그러한 기쁨을 느낄 수 없습니다. 직업을 가진 후에 나도 쓸모 있는 사람이라는 기쁨을 안 그들은 우리를 위해 더욱더 열심히 일을 해줍니다. 그리고 그런 직원들의 행동을 지켜보면서 나는 일하는 행복, 누군가에게 도움을 주는 행복을 배우게 됐죠. 그들이 가르쳐준 이 감사야말로 내가 일본이화학공업을 지속하는 원동력입니다."

다부진 체격과 꼿꼿한 자세의 오야마 회장이 여든 살이 넘었다는 사실이 놀라우면서도 자신의 신념을 이야기하는 자세에서 깊은 연륜이 느껴졌다.

"사람은 일을 해야만 행복을 느낄 수 있다고 나는 생각합니다. 혹시 '경제'의 의미를 알고 계십니까? 중국 고전에 등장하는 말이지만, 경제의 어원은 '경세제민(經世濟民)'입니다. 문자 그대로 '세상을 다스리고 백성을 구제한다'는 의미지요."

부의 획득이 아닌 경제의 본래 의미를 실천하고 싶다는 오야마 회장은, 강인한 신념으로 이상적인 회사를 만들어냈다.

"내가 제창하고 있는 것은 '함께 일하는 사회'입니다. 일본 헌법 제13조에는 모든 국민의 행복추구를 최대한 존중한다고 되어 있고, 제27조에는 모든 국민이 노동의 권리와 의무를 가진다고 명시되어 있는 이상 중증장애인이기 때문에 평생 시설에서 보호받아야 할 이유는 없습니다. 즉 우리의 세상은 비장애인이 장애인에게 다가가는 '함께하는 사회'라기보다 '함께 일하는 사회'인 것입니다. 그것을 깨달은 나는 복지시설 개혁에 따른 '함께 일하는 사회'의 실현을 경영이념의 하나로 삼았습니다."

신념으로 일관된 말 한마디 한마디에 직원들에 대한 끊임없는 애정이 담겨 있었다.

지적장애인 고용의 문을 연 계기에 대해서 나는 물었다.

"1959년에 양호학교 선생님이 느닷없이 회사를 찾아왔다고 들었어요. 혹시 그날을 기억하고 계십니까?"

오야마 회장의 뺨이 조금 붉어졌다.

"네, 생생히 기억하고 있지요. 그날을 경계로 경영자로서 전혀 다른 길을 걷게 될 거라고는 상상도 하지 못했지만요."

오야마 회장의 첫 번째 취재를 마친 나와 사토 그리고 마루야마는 현관을 나와 또다시 그림이 그려진 2층 창문을 바라봤다.

"저게 키트파스네요."

"창문 위에도 저렇게 예쁜 색이 나올 수 있군요."

맞장구를 친 나는 두 사람에게 이렇게 말했다.

"다음번에는 저 창문에 비친 직원들을 만나 인사해요."

"좋아요."

"그래, 인사해요."

뒤돌아보니 사토와 마루야마의 웃는 얼굴이 보였다.

오야마 회장의 인터뷰는 몇 번이나 계속됐다. 장남인 다카히사 사장과도 마찬가지로 수차례의 인터뷰를 가졌다. 그리고 다카히사 사장은 오야마 회장의 장녀이자 회장 비서인 마리와 모든 직원들 그리고 일본이화학공업에 근무하는 지적장애인과 그들의 가족과도 몇 차례나 취재할 수 있는 기회를 마련해주었다.

취재를 하면 할수록 창업 일가가 가진 굳은 의지에 가슴이 뛰었다. 지적장애를 가졌지만 회사에 공헌하는 직원들의 모습, 그리고 그 모습을 응원하는 지적장애인 가족들의 생각에는 그저 숙연해질 수밖에 없었다.

이윽고 각각의 깊은 입장과 생각에 다가가게 되자 터무니없는 불안이 고개를 들었다. 내 글이 기업의 성공담으로 전락해버리는 것은 아닐까 하는 불안감이었다. 무거운 부담감이 가슴을 압박했다.

그때마다 나는 일본이화학공업으로 자동차를 몰았고, 반짝반짝 빛나는 창문을 바라보았다.

분필 생산라인과 키트파스를 만드는 공장에서 조용히 일과 마주하던 사람들의 얼굴을 떠올렸다.

"있는 그대로 써주세요."

그렇게 말한 다카히사 사장의 목소리도 가슴속에서 되살아났다.

수없이 많은 인터뷰와 망설임의 시간을 거치며 내가 이 책에 적어 내려간 내용들은 지적장애인 다수 고용에 몸을 아끼지 않은 한 기업가와 그 일가가 이루어낸 투쟁의 기록이며, 장애를 갖고 살아가는 사람들의 일하는 모습과 그 기쁨에 대한 기록이다.

눈이 번쩍 뜨이는 듯한 마법이 아니다. 대단원의 엔딩도 없다. 그러나 많은 증언과 그 모습들을 통해서 성실하고 따뜻한 일본이화학공업의 모든 것을 느낄 수 있을 거라고 자부한다.

내 방 창문에도 일본이화학공업과 같은 무지개가 춤을 추고 있다. 꽃과 곤충과 별과 구름과 사람의 얼굴을 그리고, 젖은 천으로 닦아낸 후 또다시 그린다.

분필과 키트파스를 만드는 그들의 빛나는 눈동자를 나는 잊을 수가 없다.

PART I

일본에서 가장 소중한 회사라고 불리다

뜻밖의 주목과 변하지 않는 일상

2008년 3월, 한 권의 책이 출간됐다. 《일본에서 가장 소중한 회사》라는 제목의 그 책은 경영학자이자 대학교수인 사카모토 고지가 전국의 6천 개가 넘는 중소기업을 방문한 끝에 그 존재를 알리고 싶은 회사 다섯 곳을 소개한 내용을 담고 있다.

사카모토 고지는 우연히 일본이화학공업을 방문한 것이 책을 집필한 계기가 되었다고 밝혔다. 《일본에서 가장 소중한 회사》에는 장애인 고용에 힘써온 오야마 야스히로 회장의 말들과 직원들의 밝은 표정이 그대로 담겨 있다.

이 책은 생각지도 못한 반응을 불러일으켰다. 반세기에 걸쳐서 지적장애인을 고용해왔으며 직원의 70퍼센트 정도가 장애인으로 이루어진 일본이화학공업. 금전적 이익만을 좇지 않는 이 오래된 분필 제조회사의 철학에 세상의 이목이 집중됐다.

같은 해 11월, TV도쿄에서 방영하는 경제방송인 〈일본경제 스페셜 캄브리아 궁전: 무라카미 류의 경제 토크 라이브〉에 오야마 회장이 출연했다. 오랜 기간 지적장애인을 고용해온 노력과 함께 "장애인에게서 일하는 행복을 배웠다."는 오야마 회장의 말이 전파를 타고 이윤 지상주의만으로는 만들어질 수 없는 기업의 가치가 전해지며 큰 화제가 되었다.

1974년부터 34년간 사장을 역임한 오야마 야스히로가 믿고 걸어온 길에 영광이 쏟아졌다. 그 후에도 믿기 어려울 만큼의 관심을 받으며 일본이화학공업은 이익과는 무관한 휴머니즘을 지닌 특별한 회사로 유명해졌다.

'행복을 창조하는 회사'라고 불리며 전국에서 주목을 받은 일본이화학공업. 현재 경영자는 4대 사장인 오야마 다카히사다. 야스히로의 장남인 다카히사는 2008년에 아버지로부터 그 자리를 이어받았다.

사장직을 아들에게 물려준 야스히로는 회장이 되어 여전히 회사일을 돌보았지만 실질적인 경영책임은 당시 마흔 살이던 다카히사가 지게 되었다.

사장이 된 이후 다카히사는 급격한 성장을 바라는 대신, 분필 업계의 현실에 발맞추며 장애인 고용과 분필의 품질 개량, 점유율 확대, 그리고 자사의 주력상품 개발에 매진했다.

나는 그에게 "일본이화학공업은 어떻게 탄생했나요? 그리고 가루가 날리지 않는 분필은 어떻게 개발됐고 또 어떻게 지적장애인들이 그 제조를 담당할 수 있게 되었나요?"라고 물었다. 그리고 미디어에 의한 눈부신 찬사 뒤에 숨어 있는 고난과 절망을 전부 듣고 싶다고 부탁했다.

그러자 다카히사는 작게 고개를 끄덕였다.

"작가님도 장애인 고용이라고 하면 '사회공헌에 힘쓰시는군요.' '훌륭한 사업을 하고 계십니다.'라는 칭찬의 말이 먼저 떠오르시나 보군요. 아버지가 일구어온 회사를 이어받은 나에게는 사회정의라든지 인생의 사명과 같은 거창한 목적의식은 없습니다. 제가 생각하는 것은 안전하고 정교하게 분필을 생산하고, 진심을 담아 판매하는 것뿐입니다. 그것을 매일 쌓아 올린 것뿐이죠."

일본이화학공업은 장애인에게도 비장애인과 같은 최저임금을 유지하면서 장애인 고용을 실현하고 있다.

일본이화학공업은 1975년에 일본 최초로 '심신장애인 다수고용 모델공장'(당시 명칭)을 가와사키 시에 개설했다. 그보다 8년 전인 1967년에는 홋카이도 비바이 시의 지원으로 장애인 고용 공장을 세웠다.

그 과정이 책과 TV에 소개되면서 기업가로서만이 아니라 독지가로서 오야마 회장의 이름이 널리 알려졌다. 물론 현재 사장인 다카히사도 마찬가지다.

그러나 당시에는 영웅적인 대우나 찬사의 소리에 조금은 당황했었다고 다카히사는 웃으며 말했다.

"보시다시피 이렇게 작고 아직 불완전한 회사예요. 그러나 지금까지 쌓아 올린 업적이나 과정 그리고 나에게 희망을 준 직원들은 모두 나의 자랑이죠. 그것을 책으로 만들 생각이라면 무엇이라도 물어보고 써주세요."

그리고 이렇게 덧붙였다.

"장애가 있지만 열심히 일하는 직원들을 보면서 그 무엇과도 바꿀 수 없는 행복을 느낀답니다. 그건 정말이에요. 그들은 다른 사람들을 배려하고, 힘이 되고 싶다고 순수하게 생각합니다. 또한 도움은 주더라도 우열은 없다고 생각하죠. 그들의 이러한 생각을 얻고 싶다면 주저하지 말고 장애인들을 받아들이는 환경을 만들어 그들을 고용하면 됩니다."

물론 행복에 앞서 사업의 험난함도 있었다.

"70퍼센트가 넘는 지적장애인 직원과 30퍼센트 정도의 비장애인 직원 그리고 그들의 가족을 생각하면 조금 더 사업을 확장해서 판매를 늘려야만 하는 게 맞죠. 그 과정에서 궁지에 몰릴 때도 있고, 벽에 부딪힐 때도 있습니다."

그러나 다카하시는 이 길 외에 다른 길을 선택한 적은 없었다.

"우리는 있는 그대로의 모습만 보여줄 수 있습니다. 사실 있는 그대로가 훌륭하죠. 이것도 장애인 직원들에게 배운 겁니다."

다카하시는 직접 소형 화물차를 운전하면서 영업을 다닌다. 그 시간을 쪼개서 나에게 인터뷰할 시간을 내어주었다. 체면을 세우지도, 너무 겸손하지도 않게, 사실만을 분명히 전달해주었다.

분필 제조라인에서 일하는 지적장애인들

"우리 회사는 여느 대기업처럼 매해 몇 십 명의 장애인을 고용할 수는 없어요. 그러나 인연이 닿은 직원에게는 보람 있는 일을 줄 수 있고, 건강하다면 기술을 익히면서 정년까지 일할 수 있답니다. 10대나 20대 초반에 입사한 직원은 30년, 40년, 50년 동안 일해줍니다. 즉 그들은 일본이화학공업의 원동력이고, 역사의 산증인이지요."

가와사키 공장 1층에 있는 분필 제조라인을 안내받은 나는 각자 맡은 공정에서 열심히 일하고 있는 직원들의 모습을 보면서 일본이화학공업의 역사를 느꼈다.

사장은 자랑스럽게 말했다.

"분필 제조라인에서 일하는 직원은 14명에서 15명 정도 돼요. 전원이 장애인입니다. 매우 바쁘거나 결근자가 있는 경우에는 비장애인 직원이 라인에 투입되기도 하지만 보통은 지적장애인 직원에게만 이 일을 맡깁니다. 제조라인에 익숙하지 않은 비장애인 직원이 라인에 투입되는 게 오히려 방해될 때가 있지요."

다카히사가 분필 제조공정을 설명해주었다.

공정은 ❶ 배합공정 ❷ 압출공정 ❸ 절단공정 ❹ 건조공정 ❺ 코팅공정 ❻ 포장공정 이렇게 6단계로 나뉜다.

"가와사키 공장 근처에는 특별지원학교가 여섯 곳 정도 있는데(지적장애 아동, 지체부자유 아동, 병약 아동에게 각각 유치원, 초등학교, 중학교, 고등학교에 맞는 교육을 행하는 동시에 장애에 따른 사고를 극복하기 위한 지식과 기능도 가르쳐주는 학교를 '양호학교'라고 불렀지만, 2007년 학교교육법 개정에 의해 법률상 '특별지원학교'로 구별해 부른다.) 그곳에서 매해 학생 몇 명이 취업연수를 나옵니다."

특별지원학교의 고등부 2학년, 3학년 학생은 지역 기업에서 약 한 달 동안 취업실습을 받는다고 한다.

"우리 회사는 오랫동안 이 취업실습을 해오면서 학생들에게 작업공정을 가르쳐주고 있습니다. 분필 만드는 것에 흥미가 있고, 또 이 일이 자신과 맞는다고 생각하는 학생이 있으면 가족들과 함께 취업면접을 봅니다."

실습기간을 거친 학생은 적성과 자신의 희망에 맞춰서 부서를 결정한다.

"신입사원에게 일을 가르쳐주는 순서도 일반 기업과 많이 다를 겁니다. 우리 회사에서 가장 중요한 것은 직원 본인의 이해력입니다. 자신의 이해력에 맞춰서 작업을 선택하기 때문에 오히려 입사 후에 기술 습득과 작업 습득은 모두 빠른 편이지요."

작업장을 걸으며 생산과정을 빠짐없이 견학하면서 나는 오토메

이션 공장에는 없는 사람의 에너지를 느꼈다. 공장 제조라인이라기보다는 오히려 장인들의 공방 같았다. 일하는 집중력이 보통이 아니었다.

그것을 사장에게 말하자, "보시는 대로예요."라는 대답이 돌아왔다.

"장애인들은 고도의 집중력을 가지고 있어요. 보통 사람이라면 집중력이 15분에서 30분 정도밖에 되지 않지만 그들은 몇 시간이나 집중을 지속할 수 있습니다. 우리는 몇 시간 단순작업을 반복하다보면 긴장이 풀려서 실수가 일어나지만, 이 공장의 라인 담당자들은 별 어려움 없이 집중력을 유지할 수 있답니다."

각각의 공정에서 흐트러짐 없이 일하는 지적장애인들은 동시에 불량품 검사도 실시했다.

"제조 도중에 분필에 불량이 생기는 경우도 물론 있습니다. 우리에게 보이지 않는 흠집이나 기포를 장애인 직원들은 곧잘 발견한답니다. 이것은 공업 로봇으로도 불가능한 작업이지요. 그들은 오차를 꿰뚫어보는 날카로운 매의 눈을 지니고 있다고 할 수 있습니다."

사장의 설명을 들으면서 각각의 작업 모습을 지켜보니 그들이 숙련된 기술을 구사한다는 것을 알 수 있었다. 누군가가 조금이라도 지체하면 라인 전체가 멈추게 되지만, 이 공장에서는 작업 8시간 동안 라인이 한 번도 멈추지 않는다고 했다.

나는 작업장에서 분필을 만드는 그들의 손과 표정을 바라보았다. 같은 작업이 반복되지만 단순히 흘러가는 작업이 아니었다. 훈련과 경험을 통해 익힌 기술들이 모든 공정에서 되살아났다.

점토 상태로 배합된 재료를 압출성형기에 넣는 작업을 담당하는 스가이 마사아키에게 입사한 날짜를 들을 수 있었다.

"91년 3월 26일에 입사했어요."

스가이는 '날짜 천재'로, 연도와 월일을 말하면 정확하게 요일을 맞히는 기술이 있었다.

"머릿속에 달력 같은 것이 있나요?"

스가이는 고개를 크게 끄덕였다.

"음, 무슨 요일일까?"

다카히사가 갑자기 어느 연월일을 말했다.

"1936년 4월 29일."

1초의 망설임도 없이 스가이가 대답했다.

"수요일."

"2575년 11월 5일."

"일요일."

스가이는 몇 번이나 즐거운 듯이 요일을 맞혀 보였다.

"스가이는 2011년에 20년 근속표창을 받았습니다. 그는 40대이고 직장의 분위기 메이커이지요."

압출 담당자인 야나기사와 마코토는 스가이와 동년배다.

"그러면 야나기사와도 20년 근속표창을 받았나요?"

사장에게 한 말에 야나기사와 본인이 대답했다.

"아직이요. 4년 후에 받아요."

다카히사는 기쁜 듯이 말했다.

"근속표창은 10년, 20년, 30년, 40년에 따라 있어요. 모두 그 표창을 받기 위해 노력하고 표창을 목표로 일하고 있지요."

라인 중에서도 가장 중요한 압출공정에서는 기다랗게 반죽된 점토 상태의 분필이 압출성형기에서 쏟아져 나왔다. 작업하는 사람들은 그것을 정교하고 아름답게 '3개×5열'로 나열했다. 기계보다도 정확한 간격으로 가지런하게.

그 점토 상태의 가지런한 분필을 자르고 '먹힘'을 제거한 후에 건조기로 넣는 공정을 담당하고 있는 사람은 나카야마 후미아키였다. 그는 열아홉 살에 일본이화학공업에 입사했다.

나카야마는 버튼을 눌러 절단기를 조작한 후 분필을 일정한 길이로 절단했다. 분필의 품질을 확인하고 먹힘과 끄트머리 부분만 포크로 잘라내 깔끔하게 만든 후에 건조기로 분필을 운반했다. 분필 끝 부분을 제거하는 민첩함과 정확함은 상당히 깔끔했다.

"먹힘이 뭐예요?"

그렇게 묻자 다카히사가 금속판에 나열된 분필을 보면서 설명해 주었다.

"보시다시피 건조 전의 부드러운 분필을 3개씩 5열로 금속판에 나열하는데, 나열을 잘못해서 분필이 구부러지거나 다른 분필과 붙어버리면 불량품이 되지요. 그것을 '먹힘'이라고 부르는 거예요."

먹힘을 없애고 분필의 끄트머리 부분을 깔끔하게 제거하는 전문가가 바로 나카야마였다. 분필의 자투리 부분(끄트머리 부분)을 제거하는 도구는 식사용 포크였다. 다카히사가 작업에 사용하는 포크를 들어서 보여주었다.

"이 작업에 포크를 사용하자고 제안한 사람도 라인에서 일하는 직원이었습니다."

포크의 끝부분은 분필의 자투리 부분을 제거하기 쉬운 넓이로 맞추어져 있었다. 제품으로 완성되는 분필 본체를 절대 흠집 내지 않으려는 그 정교함은 마치 정밀기계와도 같았다. 동시에 막 성형을 마친 분필의 구부러진 부분과 작은 기포를 이 작업 시에 발견하고 그것도 포크로 찔러서 없앴다.

"굽기 전의 부드러운 분필을 이렇게 섬세하게 다룰 수 있는 사람은 지적장애인들뿐이에요. 내가 하면 분필이 휘고 지문도 묻어서 올바른 제품이 완성되지 않죠."

나카야마는 똑바르게 나열된 분필을 흠집 내지 않고 '먹힘'만을 제거했다.

"그때에는 '먹힘이 나왔습니다.' 하고 큰 소리로 말해요. 그래야 압출작업 담당자가 '앞으로 불량은 없다!' 하며 정신을 바짝 차리게 되거든요."

나카야마의 옆얼굴을 향해 나는 이렇게 물어보았다.

"흠집이 생기면 어떻게 되죠? 흠집 난 분필이 어떤 건지 알려주세요."

공장 안에 씩씩한 목소리가 울려 퍼졌다.

"불량은 없습니다!"

"잠깐 보고도 알 수 있나요?"

나카야마는 고개를 크게 끄덕였다.

다음 금속판을 본 세쓰나, 그의 표정이 바뀌었다.

"앗! 불량이 있습니다! 붙었어요."

"어디?"

한눈에 알아볼 수가 없었다.

"저기 있어요. 저기 아래쪽에."

"어디, 어디요?"

"이거예요. 이거."

"이렇게나 작은?"

옆 분필과 닿았는지 닿지 않았는지 알아보기 힘들 정도로 아주 약간 구부러진 분필이 있었다.

"이것도 흠집이 생긴 것이기 때문에 제품으로 내보낼 수 없어요. 일본공업규격(JIS)은 매우 엄격하죠. 하지만 지적장애인 직원들은 그 규격을 잘 지킨답니다."

새로운 금속판을 보고 있는 나카야마에게 나는 한 번 더 말을 걸었다.

"이 금속판에도 불량이 있나요?"

"없습니다."

다음 순간, 그는 칫솔을 손에 들었다.

"그 칫솔은 어디에 쓰는 거예요?"

나카야마가 대답했다.

"이 칫솔은 이렇게 찌꺼기를 뺄 때 쓰는 거예요."

절단 와이어에 분필 찌꺼기가 붙으면 성형을 정밀하게 할 수 없기 때문에 칫솔로 깨끗하게 찌꺼기를 닦아내는 것이었다.

"찌꺼기가 붙을 때에는 이 칫솔로 깨끗하게 닦는군요."

"맞아요. 자를 때에."

30분 정도 기분 좋게 작업을 견학한 후 그곳을 나오며 나는 지적 장애인 직원들에게 고개를 숙여 인사했다.

"작업을 보여주셔서 감사합니다."

"감사합니다."

나카야마의 목소리에 제조라인에 있는 모든 사람들이 목소리를 높여 인사했다.

몇 번이나 감사하다는 말을 들으며 나는 조용히 제조라인을 떠났다.

각각의 이해력에 맞추려는 노력

지적장애인들이 정확한 기술을 발휘할 수 있었던 비결은 비장애인 직원이 "이렇게 해야 한다."라고 그 방법을 획일적으로 가르쳐주기보다는 장애인 직원이 가진 각자의 이해력에 맞추려고 노력했기 때문이다.

다카히사는 원료가 놓여 있는 장소에서 이렇게 설명했다.

"원료를 집어넣는 통 색깔을 각각 다르게 만들어서 실수의 위험을 줄이려고 노력했죠. 가루의 용량을 잴 때는 원료통과 같은 색깔의 추와 저울을 사용해서 계량합니다."

고용한 지적장애인을 라인에 배치할 수는 없을까? 이렇게 생각한 오야마 야스히로 회장은 글씨를 읽지 못하지만 신호등의 원리를 이해해서 큰 사고 없이 출근하는 지적장애인들의 모습을 보고 '색을 맞춰서' 재료를 계량하는 방법을 생각해냈다.

"그들은 같은 색을 맞춰야 한다는 법칙을 알고 있어요. 아버지는 그 능력을 응용한 계량 방법을 개발한 거죠. 일반 공장이라면 '원료는 몇 그램으로 무엇과 무엇을 배합해야 한다.'라고 가르쳐주고 설명서를 보면서 재료와 순서를 확인하지만, 우리는 글자와 숫자를 이해하지 못하는 사람들이 많기 때문에 이 방법을 사용한 겁니다."

다카히사가 이어서 말했다.

"아버지 말씀으로는, 처음엔 우리도 말로 설명하고 그들도 알았다고 대답을 했대요. 그러나 막상 작업에 들어가면 실수가 많이 나왔다더군요. 그 실수가 계속 반복됐지요. 그러나 색 맞추기 방법을 실제로 해보니 비장애인 직원이 도와주지 않아도 그들이 정확하게 계량할 수 있게 되었다는군요."

작업을 둘러보는 비장애인 직원이 칭찬해주자 더욱더 변화가 일어났다고 한다.

"라인 담당자가 '잘했어.' '열심히 했어.'라고 칭찬을 하자 작업 효율이 올라갔어요. 장애인 직원들은 퇴근시간 전에 자신들의 일을 끝마쳤어요. 그리고 '조금 더 일해도 될까요?'라고 말했죠. 아마 그때 일에 대한 의욕이 생긴 것 같아요."

그 사람이 가진 이해력에 맞춰서 작업공정을 설계하고 따뜻한 시선으로 지켜봐 주자 지적장애인들은 비장애인과 비슷한 능력을 발휘했다. 게다가 칭찬을 받으면 기쁨을 느끼고 더욱더 의욕을 냈다.

가족과 사회의 보호를 받으며 살아갈 수밖에 없다고 생각했던 지적장애인이 오야마 회장과 직원들의 배려 덕분에 회사의 주력자로 바뀌는 순간이었다.

"중요한 것은 억지로 무리하게 가르쳐주는 것이 아니라 지적장애인들의 이해력에 맞춘 작업환경을 만드는 것이었죠. 아버지와 당시의 직원들은 그것에 주력하며 작업공정을 개선했어요."

공장에는 커다란 모래시계가 놓여 있었다. 글자로 된 시계를 읽을 수 없는 지적장애인들을 위해 이 모래시계를 이용한다고 했다.

"원료를 배합할 때에는 같은 품질을 유지하기 위해 일정 시간 배합기를 돌려야 하는데, 우리 회사에는 시계를 읽지 못하는 직원들이 많지요. 그래서 기계를 읽을 수 없어도 정확한 시간을 계산할 수 있도록 하기 위해 모래시계를 사용하게 됐습니다. 배합기계의 스위치를 켜고 바로 모래시계를 거꾸로 세우고, 모래가 다 떨어지면 그 스위치를 끄는 겁니다. 이렇게 하면 모든 직원들이 실수하지 않게 되지요."

설명서나 수첩을 건네며 이해시키려 하지 않고 몸으로 기억하는 장인을 만든다, 일본이화학공업의 이러한 수많은 노력이 뛰어난 장인들을 길러냈다.

"아버지와 당시의 직원들은 장애인을 앞에 두고 '아무래도 불가능해.'라고 생각한 게 아니라, 항상 '어떻게 하면 가능할까?'를 고민했습니다."

이를테면 숫자를 세는 경우에는 이러했다.

"두 자릿수 이상의 숫자를 세는 경우에는 숫자가 쓰인 단어장을 이용하지요. 압출 작업을 할 때에는 열 장이 한 묶음으로 된 종이에 분필을 꽂고, 다음 열 장이 들어왔을 때에는 한 장을 넘기는 식으로 숫자를 셉니다."

이렇게 지적장애인들도 충분히 할 수 있는 방법을 발견해내면 그들은 온 힘을 다해 일을 한다. 일본이화학공업의 직원들은 그 사실을 증명해주었다.

“그 결과 장애인들은 비장애인에게는 없는 집중력과 관찰력을 발휘한다는 것을 알게 되었습니다.”

‘오늘의 목표량’을 정해서 어제의 제조 개수와 오늘의 목표 개수를 숫자로 표시하고, 완성하면 그날에 “목표 달성을 축하해. 수고했어.”라고 칭찬한다. 그러자 생산성은 점점 더 좋아졌다고 한다. 이렇게 해서 그들이 만든 분필의 품질은 업계 1위가 되었다.

가와사키 공장에서는 수작업이라고는 생각되지 않을 정도의 속도와 정확함으로 하루에 1인당 분필판 500개를 만드는 것을 목표로 하고 있다. 분필 수로는 14만 개가 된다. 그 분필들이 구워지고 잘라져서 검품을 받고 포장되어 전국에 있는 학교로 배달된다.

“지적장애인은 절대 할 수 없을 거라고 생각되었던 검사와 검품도 우리 회사에서는 라인 소속자가 담당하고 있습니다. 분필의 크기는 엄격하게 정해져 있어서 정확한 규격을 따라야만 하죠. 제조라인에는 불량을 관찰하고 확인하는 곳이 다섯 군데 있습니다.”

거기에도 끊임없는 노력의 결실로 탄생한 도구가 있었다.

“우선, 압출성형기의 검사봉입니다. 분필을 압축한 후 원형 형태로 만들기 위해서는 구멍 크기를 측정해야 하는데, 이 검사봉이 눈금 선까지 들어와야만 합격입니다. 반대로 마모돼서 구멍이 기준보다 커지면 검사봉은 눈금보다 깊숙하게 들어가게 되지요. 그러면 압출성형기의 노즐을 조절해야 합니다. 우리는 이 봉 덕분에 일일이 구멍 크기를 측정할 필요가 없게 됐죠. 장애인 직원들은 매일 작업 전과 휴식 후에 검사봉을 사용해서 불량을 검사하고 기계관리도 한답니다."

완성된 분필의 성형품을 검사하는 상자 형태의 도구도 있었다.

"분필의 두께는 0.1㎜ 단위의 품질기준이 요구됩니다. JIS규격에 적합한 분필 두께는 11.2㎜±0.5 이하의 오차입니다. 그것을 확인하기 위해 상한과 하한 틈에 끼우는 방법을 생각했죠. 누구나 한 번 보고 너무 두껍다, 너무 얇다, 구부러졌다 하는 분필의 불량을 알아볼 수 있는 도구를 만든 것입니다. 이것도 복잡한 계측기나 눈금이 새겨진 기계를 사용하지 않아도 되도록 아버지와 직원들이 생각해 낸 것이죠."

사용방법은 간단하다. 코팅공정이 끝난 분필을 눈으로 보고 불량이 의심될 때에(눈으로 1㎜의 오차를 발견해내는 능력 또한 그들 숙련된 장인들의 기술이다.) 그 분필 한 개를 끄집어내어 상자형 도구의 틈에 넣어 보는 것이다. 분필이 두꺼울 경우에는 틀에 들어가지 않는다. 또한 가늘 경우에는 틀 가장 깊은 곳에 들어가 버린다.

"이 도구에는 틀 중간에 단차가 있어서 중간보다 아래는 틈이 좁게 돼 있어요. 그래서 이 틀에 딱 들어맞는 분필이 정확한 크기가 되는 것입니다. 분필이 틀에 들어가 중간에서 멈추면 합격이지요."

이렇게 발견된 불량 분필을 넣는 상자에는 더욱더 큰 아이디어가 있었다. 그것은 바로 ×상자와 △상자이다. 다카히사가 설명해 주었다.

"분필이 JIS규격에 맞는지 맞지 않는지, 제조라인을 포함한 다섯 곳의 검사 포인트에서 조금이라도 불량이 의심되는 분필은 라인에서 꺼내야 합니다. 절대로 불량품과 판매상품을 한 데 섞을 수 없기 때문입니다. 만일 하나라도 JIS규격에 맞지 않는 분필을 판매해서 반품이 된다면 회사의 신용이 실추되니까요. 어쨌든 엄격함이 중시되기 때문에 JIS규격에 맞는 상품만 골라야 하지요. JIS규격 판별이 어려운 것은 △표시가 붙은 상자에 넣습니다. ×표시가 붙은 상자의 분필은 부숴서 다시 성형을 하지만, △상자의 분필은 비장애인 직원에게 넘어가 다시 검사를 받게 됩니다."

JIS규격 선별은 분필 장인에게 있어서 꼭 필요한 자질이라고 다카히사는 말했다.

"이 선별 작업은 일을 잘하고 못하고를 알 수 있는 기회가 되었지요. 정확하게 ×와 △를 구별하는 사람과 애매한 선택을 하는 사람을 알 수 있으니까요. 그러한 상황이 생기면 비장애인 직원이 나서서 애매한 선별을 하는 직원에게 다가가 기술력을 높여주기 위한 조언을 해줍니다. 모두 날카로운 감성과 눈을 가졌기 때문에 비장애인 직원이 조금만 조언을 해주면 그들의 기술력은 반드시라고 해도 좋을 만큼 향상되죠."

자동식으로는 얻을 수 없는 인간 능력의 발현과 이중 삼중으로 담보되는 분필의 품질. 정연함으로 구축된 분필 제조공정이 한 치의 빈틈도 없이 움직이는 직원들의 손에 의해 돌아가고 있었다.

벽에는 효과적으로 작업이 진행될 수 있도록 손으로 쓴 공정표가 적혀 있었다.

"흰색 분필은 비바이 공장에서 생산되기 때문에 여기 가와사키 공장의 생산라인에서는 흰색을 제외한 다른 색 분필들을 주로 생산하고 있습니다. 우리 회사에서 특히 주의하는 것은 분필 색을 바꿀 때 들이는 작업시간이지요. 색을 바꿀 때에는 기계를 분해해서 세정하고 청소를 해야 하기 때문에 이 청소 시간이 길어질수록 생산의 효율성은 떨어집니다. 이 공정표는 색을 바꾸는 공정에서 시간을 단축하기 위한 노력이라고 할 수 있습니다. 제조공정을 '압출', '배합', '포장' 세 가지로 나누어서 팀을 짜고, 각 팀에게 색을 바꾸는 공정을 적어준 후 10분씩, 30분씩 각각 작업을 할 수 있도록 만들었지요."

유치원이나 초등학교 저학년 교실에 붙어 있을 듯한 이 화려한 공정표를 깔보면 큰일 난다. 이 공정표에는 지금 자신이 어떤 팀에 있고 무엇을 해야 하는지 한눈에 볼 수 있도록 적혀 있기 때문이다.

"숙련된 직원들이기 때문에 익숙한 작업은 모두 시간 내에 끝냅니다. 일을 일찍 마친 팀은 아직 작업이 끝나지 않은 팀을 도와주거나 하지요. 그러면 결과적으로 모든 공정의 시간 단축으로 이어집니다. 이것은 우리가 부탁하는 것이 아니라 장애인들의 자발적인 행동입니다. 고맙게도 지금은 그것이 당연한 작업이 되었죠."

나는 자세하게 설명을 해준 다카히사 사장에게 이렇게 말했다.

"라인에서 일하는 사람들의 표정이 정말 밝아요. 모두 반짝반짝 빛나는 눈동자로 즐겁게 일하고 있는 것 같았어요."

묵묵히 작업을 하고 있는 장애인들은 그 적막과는 대조적으로 밝은 표정을 짓고 있었다. 눈동자는 빛났고, 가끔씩 미소를 띠면서 눈앞에 있는 분필을 애정 어린 시선으로 바라봤다.

다카히사는 "저도 매일 그렇게 느낍니다."라고 대답했다.

"자신이 안전한 분필을 만들고 있다는 긍지와 기쁨, 이 분필을 쓸 학교 선생님과 학생들에게 전하고 싶은 사명감, 지적장애인 직원들은 그러한 생각을 쉽게 말로 표현할 수는 없지만 표정이 그 생각을 전해줍니다. 나는 그들의 밝은 표정을 볼 때마다 분필을 만든다는 것에 감사함을 느끼죠."

라인 중앙에는 1년 치의 목표를 적은 '도전 칠판'이 놓여 있었다. 즉 일본이화학공업의 생산목표다.

"압출과 포장의 하루 목표를 정하고, 1년 동안 얼마를 달성할 수 있는지를 한눈에 볼 수 있게 만든 칠판입니다. 달성한 날에는 종이꽃을 붙여주죠. 장애인 직원들은 종이꽃을 늘리기 위해 열심히 일하고, 종이꽃이 붙지 않은 날에는 조금 침울해한답니다. 단순하지만 손으로 만든 이 칠판 하나가 모두의 마음을 하나로 이어주죠."

일하는 기쁨을 얻기 위한 목표

점심시간이 되자 제조라인에서 일하는 직원들이 2층으로 향했다. 그들이 점심을 먹는 장소는 2층이었다. 나도 사장의 안내에 따라 식당으로 갔다. 내가 처음 일본이화학공업을 방문했을 때 올려다본 빛나는 무지개의 창문, 그곳은 식당이었다.

일본이화학공업의 고유 개발상품인 '키트파스'를 사용해서 직원들이 창 안쪽에 그림을 그려놓았다. 창가에는 키트파스 상자가 몇 개나 놓여 있었다.

"무엇을 그려도 좋고 그림을 잘 그려도, 못 그려도 상관없어요. 근무시간 전이나 점심시간에 모두 즐겁게 그림을 그린답니다. 낙서나 마찬가지이기 때문에 그렸다가 지우고 지웠다가 그리고 하다 보면 어느새 새로운 작품이 완성돼 있죠."

이렇게 말하며 즐거운 듯 창문의 그림을 바라보던 다카히사는 점심을 먹으러 온 직원들에게 눈길을 돌렸다.

"집에서 가지고 온 도시락을 먹는 사람도 있지만, 배달 도시락을 주문할 수도 있답니다. 몇 개의 메뉴 중에서 먹고 싶은 도시락을 고르고, 자신의 이름이 적힌 종이를 주문 상자에 넣지요. 점심이 되면 그 도시락이 도착하고요."

도시락 주문 하나에도 그들을 혼란 속에서 구해주는 질서가 있었다. 섬세하고 따뜻하게 그들을 생각하는 시스템이 구축되어 있는 것이다.

창문 한가득 그려진 그림과 2층을 밝게 비추는 햇살. 대화를 나누면서 식사하는 사람, 혼자 조용히 식사하는 사람, 비장애인 직원과 장애인 직원들은 거리낌 없이 저마다 휴식시간을 즐기고 있었다.

창가에 선 나에게 다카히사는 입구 오른쪽의 벽을 가리켰다.

"저기에 걸려 있는 얼굴 사진이 붙은 종이는 장애인 직원들이 스스로 만든 1년 목표예요."

'○○년도 나의 목표'라고 적힌 A4 용지 크기의 종이에는 이름과 담당, 얼굴 사진이 붙어 있었고, 그 아래에 자신의 목표가 각각 적혀 있었다.

"맡은 일에 따라서 목표는 각각 달라지지만, 작업 효율과 목표 제조 수, 동료에게 하고 싶은 말, 연락 사항, 시간 스케줄, 자신의 생각, 기계, 기계의 재료 등에 대해서 구체적으로 적어놓죠."

확실히 이 종이를 보자 각 직원들의 목표가 한눈에 들어왔다.

"1년의 목표가 적힌 이 종이를 여기에 붙일 때 나는 마음이 깨끗해지는 느낌이 듭니다. 생산일지라는 매일의 작업 기록을 봐도 그렇고요. 글씨를 잘 쓰지 못하고, 개중에는 글씨를 전혀 모르는 직원도 있지요. 그러나 이 종이를 보면 직원들이 일과 마주하는 진지한 마음을 엿볼 수 있고, 또한 열심히 하려는 마음을 알 수 있답니다."

직원들은 가끔 자신과 동료가 쓴 '나의 목표'를 바라본다고 한다.

"1년이라는 시간 속에서 확실한 목표를 세우고, 그것을 절대 소홀히 하지 않는 그들이야말로 누구보다 진지하게 작업에 임하고 있다고 할 수 있습니다."

연필로 꾹꾹 눌러쓴 글씨. 네다섯 가지 되는 목표는 일에 대한 의욕과 자신의 책임 표명이고, 이 모든 것이 일하는 자신들을 위한 것이었다.

내가 그중 몇 가지 목표를 노트에 옮겨 적자 다카히사가 뒤돌아봤다. 나는 그 얼굴을 향해서 솔직한 기분을 전했다.

"장애란 도대체 무엇일까요……. 여기에 있는 장애인들은 노동의 중요한 담당자들이고, 경영을 책임지는 존재라는 것을 몸소 보여주고 있어요. 장애인이라는 구별은 필요 없다고 생각될 정도예요."

내 가슴은 놀라움으로 가득 찼다. 일본이화학공업의 취재를 시작한 후 나에게는 극적인 의식의 변화가 있었다.

"나는 지금까지 장애인들에게 행복한 사회란, 또 복지국가란 '안정된 의식주 제공'이라고만 생각했어요. 일을 할 수 있는 장애인들은 단지 임금을 받는 것에 대해서 행복을 느낀다고 생각했어요."

설비가 잘된 시설과 보장된 보호. 그것이 장애인에게 있어서 행복의 조건이고, 그것이야말로 '좋은 복지'라고 생각한 나는 1층에 있는 분필 제조라인과 반짝반짝 빛나는 그림이 그려진 식당을 방문하고, 또 그들의 목표를 대변하는 '목소리'를 읽고 난 후 그러한 생각이 얼마나 '좁은 시야'였는지를 깨달았다.

"고맙습니다."

다카히사 사장이 고개를 숙였다.

“아버지 오야마 야스히로 회장님이 목표로 한 회사경영이 바로 그것이었어요. 우리 회사에 들어온 직원에게는, 비장애인이든 장애인이든 일하는 행복을 주고 싶어 하셨죠. 그 행복은 단순한 슬로건의 의미가 아니에요. 특히 장애인 직원의 마음이 기쁨으로 가득 차 있는 것을 중요하게 생각하셨어요. 그리고 동시에 자본주의 사회 속에서 살아남아야만 했습니다. 우리 회사는 자선사업을 하는 곳이 아닙니다. 아버지에게서 사업을 이어받은 나는 장애인이 제조기술을 담당하는 회사라도 이만큼 경영할 수 있다는 것을 ‘실적’으로 보여주고 싶었습니다.”

일본이화학공업의 에이스

점심시간이 끝나자 오야마 다카히사 사장은 2층에 있는 키트파스 작업실로 나를 안내했다.

2층에 혼자 있던 사람이 입구에 선 나를 힐끗 보더니 곧바로 시선을 손으로 옮겼다.

"안녕하세요?"

그렇게 말해도 대답은 없었다.

창가에 비친 오후의 햇살이 회색빛 작업장을 파랗게 물들였다. 햇살에 찌푸려진 내 눈에 키 큰 청년의 검은 눈동자가 들어왔다. 그는 초록색의 작은 스틱을 손가락으로 집더니 눈앞에 있는 대 위에 그것을 조용히 올려놓았다.

"작업 중에 실례합니다."

이렇게 말하며 2층 중앙으로 걸어온 내 모습에 당황했는지, 아니면 말을 걸어온 나에게 반응한 것인지, 그는 쓰고 있던 모자를 슬쩍 손으로 잡았다.

그의 뒤에서 다카히사의 밝은 목소리가 울려 퍼졌다.

"이 사람은 우리 회사의 에이스 혼다 신지예요. 키트파스는 우리 회사가 사운을 내건 상품이죠. 그것을 혼다가 필두에 서서 제조합니다. 그의 꼼꼼함과 정밀함은 키트파스 작업에서 결코 빼놓을 수 없는 것이죠. 혼다는 우리 회사에 꼭 필요한 존재이고, 그 열정과 집중력에는 저절로 고개가 숙여진답니다."

공장 2층에 있는 키트파스 작업실은 원료와 작업공정의 비밀 유지를 위해 원래는 외부인이 출입할 수 없는 곳이다.

그런데도 불구하고 사장인 오야마 다카히사는 직접 나를 그곳으로 안내해주었다.

넘을 수 없는 벽이라는 별명을 가진 '키트파스'. 칠판에 쓰는 분필의 제조회사가 그것을 탄생시켰다. 키트파스는 분필과는 특징이 다른 필기구다.

키트파스는 칠판에는 쓸 수 없다. 그러나 화이트보드나 유리, 플라스틱 등 물이 스며들지 않는 소재의 평평한 곳에는 쓸 수 있고(그릴 수 있고), 젖은 천으로 그것을 쉽게 지울 수 있다. 색깔은 흰색, 빨간색, 노란색, 파란색, 초록색, 주황색, 황록색, 검은색, 분홍색, 청록색, 연갈색, 갈색, 감색, 보라색, 짙은 갈색, 회색의 16가지다.

분필처럼 가루가 날리지 않고, 화이트보드 마커처럼 잉크가 금방 줄어들지도 않으며, 뚜껑을 잃어버릴 걱정도 없고, 휘발유 냄새도 나지 않는다. 지우기가 편해서 청결하고, 주 원재료를 화장품과 같은 파라핀을 사용하고 있기 때문에 유아가 실수로 입에 가져가도 인체에 무해하다. 또한 물을 묻히면 물감으로도 사용할 수 있다. 사무용품으로서도, 미술용품으로서도 참신한 상품이다.

다카히사가 설명했다.

"이 키트파스는 어린아이부터 어른, 노인까지 모든 세대가 낙서를 즐길 수 있도록 개발된 상품입니다. 지금까지 필기구라고 하면 연필이나 크레용, 미술용품처럼 종이 위에 쓸 수 있는 것으로 한정됐지만 키트파스는 종이는 물론이고 창문과 타일 그리고 식기와 비닐우산에까지 글자와 그림을 쓰고 그릴 수 있죠. 이름은 '꼭 합격하는'* 꿈을 이루는 크레용이라는 의미를 담았습니다."

키트파스 제작실 앞에 서자 이미 열기가 느껴졌다. 온몸에 따뜻함을 전하는 그 공간에서는 재료를 녹이고 색을 섞는 반죽기계가 조용히 움직이고 있었다.

냄새도 풍겼다. 그것은 키트파스 냄새로, 화학물질이 가진 자극적인 냄새와는 달랐다. 파라핀이란 석유 원료를 증류해 정제한 것이다. 일반적으로 잘 알려진 파라핀은 양초다. 온도에 따라 단단해지고 부드러워져서 자유자재로 형태를 바꿀 수 있는 그 원료는 파운데이션과 스틱 형태의 립스틱에도 사용된다.

따뜻하고 부드러운 파라핀과 안료를 교반기로 섞어 반죽한 뒤에 크레용 모양으로 성형을 하면 키트파스가 완성된다.

혼다는 틀에서 꺼낸 키트파스를 정성껏 나열하고 그 품질을 확인했다.

"성형된 키트파스는 냉각시킨 후 종이에 말아 포장 박스에 넣어

---

* 키트파스(きっとパス)의 키트(きっと)는 우리말로 '꼭' '반드시'라는 의미이고, 파스(パス)는 '합격'을 의미한다. —옮긴이

집니다. 그 작업장은 2층 안에 있지요."

다카히사가 공정을 설명하는 사이에도 혼다는 완성되어 가는 키트파스에서 눈을 떼지 않았다. 가끔은 나열된 키트파스 몇 개를 손으로 집어 옆에 있는 용기에 던져 넣었다.

"조금이라도 구부러짐과 뭉침과 얼룩이 있으면 그것을 골라내서 다시 반죽을 하죠. 특별한, 정말 특별한 집중력과 식별력으로 혼다는 그것을 발견한답니다. 나는 도저히 할 수 없는 작업을 그는 하고 있는 것이죠."

혼다는 초기부터 키트파스 제조를 담당했고, 지금은 리더가 되었다. 후배에게 작업공정을 알려주거나 일을 잘 못하는 사람이 있으면 도와주는 등 키트파스 작업현장에 없어서는 안 되는 존재가 되었다.

"키트파스를 담당하기 이전에 혼다는 항상 아슬아슬한 시간에 출근을 했어요."

혼다 옆에 서서 다카히사가 뒤돌아보았다.

"그러나 키트파스 담당자가 된 후부터는 출근시간도 빨라졌고, 지금은 8시 30분에 작업을 시작할 수 있도록 8시 전에는 회사에 나옵니다."

작업장 청소를 하고 제조에 필요한 준비를 하기 위해서다. 책임감과 사명감 그리고 리더로서의 자각이 키트파스의 성형 작업과 함께 깊어진 듯했다.

"키트파스를 담당하고 나서부터 혼다의 성장 속도는 급격하게 빨라졌습니다. 유창하게 말을 할 수는 없지만 그는 필요한 것을 제대로 전하는 역할도 담당하고 있죠."

바쁜 시기에는 야근도 하고 주말 출근도 해야 하지만 혼다는 "키트파스를 더 많이 만들고 싶다."고 말했다고 한다.

"혼다는 정말 열심히 일하는 친구예요. 혼다가 없으면 끝나지 않을 일도 종종 있답니다. 혼다 자신도 무언가 만드는 것을 좋아한다고는 말했지만, 새로운 사업이었기 때문에 처음에는 많은 시행착오가 있었죠. 키트파스를 제품으로 진화시켜야만 했으니까 혼다에게도 어려운 점이 많았을 거예요. 혼다는 매일 그 진화를 생각하면서 키트파스를 완성시켜 갔습니다. 우리 직원들은 혼다에게 배운 점이 아주 많아요. 혼다의 희생이 없었다면 키트파스가 이렇게까지 빨리 우리 회사의 주력상품이 되지는 않았을 겁니다."

혼다를 '에이스'라고 부르는 사장의 감격도 한층 더해졌다.

비장애인 직원들도 혼다를 존경하고 있었다.

"사장인 나를 필두로 모든 직원들은 '장애인들을 위해 무엇을 해주자.' '장애인들을 보살펴 주자.'라는 의식은 가지고 있지 않습니다. 오히려 모든 직원들이 장애인 직원들에게서 일하는 존경심과 기쁨을 배웠지요."

그 말 그대로였다. 이 회사에서 일하는 직원들은 장애인이라는 편견에서 벗어나 모두를 가족과 친구로 생각했다. 오래된 직원은 물론이고 근무한 지 몇 년밖에 되지 않은 젊은 직원들도 일본이화학공업이 지적장애인 고용을 시작했을 때부터 키워온 정신을 이어받고 있었다.

지적장애인이 주 인력이 되는 회사

장애인이 제조를 담당하는 일본이화학공업에는 다양한 증상을 가진 사람들이 있다. 혼다는 '자폐증적 경향'이라고 진단받은 경우이지만, 그들이 가진 지적기능의 장애는 다양하다.

일본 후생노동성 사이트에는 '2005년도 지적장애아(자) 기초조사 결과 개요'에 다음과 같이 기술했다.

1. 지적장애

'발달기(18세까지)에 지적기능 장애가 나타나고, 일상생활에 지장이 생겨서 특별한 도움이 필요한 상태의 사람'을 정의한다.

지적장애를 판단하는 기준은 아래와 같다.

다음 (a)와 (b)에 해당하는 사람을 지적장애인으로 한다.

(a) '지적기능의 장애'에 있어서

표준화된 지능검사(웩슬러 성인지능검사, 비네-시몽 검사 등) 측정 결과 지능지수가 대체로 70까지인 사람.

(b) '일상생활능력'에 있어서

일상생활능력(자립기능, 운동기능, 의사교환, 탐색조작, 이동, 생활문화, 직업 등)의 도달수준이 종합적으로 동년배의 일상생활능력수준(별기1)의 a, b, c, d에 해당되는 사람. (※별기1 생략)

2. 지적장애의 정도

이하를 기준으로 한다.

＊지능수준이 Ⅰ~Ⅳ에 해당되는지를 판단하는 동시에 일상생활능력수준이 a~d에 해당되는지 판단하고, 그것을 정도별로 판정한다. 그 방식은 그림 1과 같다.

3. 보건면 · 행동면에 있어서

보건면 · 행동면은 '보건면 · 행동면의 판단'(그림 2)으로 각각의 정도를 판단하고, 정도판단에 덧붙이는 것으로 한다.

※ (후생노동성 공식 사이트 인용)

일본이화학공업도 직원들의 상황을 파악하기 위해 장애증상이나 IQ(지능검사 등의 발달검사 결과로 알 수 있는 지능지수)를 확인하고, 그것을 기준으로 각각의 자리에 배치하기도 한다. 그러나 그 증상이나 지수는 일하는 데 장벽이 되지는 않는다.

"우리 회사는 1960년부터 지적장애인 고용에 힘써왔기 때문에 당

그림1. 정도별 판단의 방법

IQ \ 생활능력	a	b	c	d
Ⅰ (IQ ~20)	아주 심한 정도의(최중도) 지적장애			
Ⅱ (IQ 21~35)	심한 정도의(중도) 지적장애			
Ⅲ (IQ 36~50)	중간 정도의(중등도) 지적장애			
Ⅳ (IQ 51~70)	가벼운 정도의(경도) 지적장애			

*지능수준의 구별
Ⅰ 대략 20 이하
Ⅱ 대략 21~35
Ⅲ 대략 36~50
Ⅳ 대략 51~70

*신체장애인복지법에 근거해 장애 등급이 1급, 2급 또는 3급에 해당하는 경우는 1차 판정을 다음과 같이 수정한다.
아주 심한 정도 → 아주 심한 정도
심한 정도 → 아주 심한 정도
중간 정도 → 심한 정도

※ 정도 판정에서는 일상생활능력 정도가 우선시된다. 이를테면 지능수준이 'Ⅰ(IQ ~20)'이라도 일상능력수준이 'd'인 경우의 장애 정도는 '심한 정도의 지적장애'가 된다.

그림2. 보건면 · 행동면의 판단

영역 \ 정도	1도	2도	3도	4도	5도
보건면	신체적 건강에 엄중한 간호가 필요함. 항상 생명유지의 위험이 있음.	신체적 건강에 항상 주의와 간호가 필요함. 발작 빈발 경향이 있음.	발작이 가끔 있고, 또는 주기적으로 변동이 있어서 일시적 또는 때때로 간호가 필요함.	복용에 따른 주의 정도.	심한 주의는 필요 없다.
행동면	행동장애가 현저하며, 항상 보호자의 주의가 필요함.	행동상 장애가 있고, 항상 주의가 필요함.	행동면 문제에 대해서 주의가 필요하고, 가끔 지도가 필요함.	행동면 문제에 다소 주의하는 정도.	심한 주의는 필요 없다.

(주) 행동장애란 과다행동, 자해, 주의력결핍, 거식문제 등 스스로 안정된 생활을 지속하지 못하도록 하는 것을 가리킨다.

당하게 말할 수 있습니다. 바로 장애인들이 가진 날카로운 능력이 회사를 지탱해준다는 사실입니다. 흐트러짐 없이 지속되는 집중력, 미세한 흠집과 구부러짐 그리고 기포를 발견하는 주의력, 이물과 변형을 발견하는 특별한 관찰력이 상품의 품질을 좋게 만들죠. 경영자인 나와 아버지는 장애인들이 능력을 발휘할 수 있도록 방식과 방법을 만들어냈고, 그것을 작업과 공정에 맞춘 것뿐입니다."

혼다가 만든 키트파스는 국내뿐 아니라 미국과 유럽에서도 판매되고 있다.

나는 혼다에게 말을 걸었다.

"정말 대단한 일을 하시네요. 매일 보람을 느끼겠어요."

역시 대답은 돌아오지 않았다. 표정에도 변화가 없었다. 그러나 혼다가 작게 고개를 끄덕이는 모습을 보고 그의 가슴속에 있는 열정적인 마음을 읽을 수 있었다.

키트파스 제작실을 나온 다카히사는 1층으로 내려가면서 나에게 이렇게 말했다.

"장애인들이 분필과 키트파스를 만들어준 덕분에 이 회사가 운영되고 있지요. 나에게는 또 하나의 책임이 있습니다. 그것은 장애인들이 운영하는 회사라도 안정된 경영을 실현해야 하고, 또 그들이 사회와 사람들에게 공헌할 수 있다는 사실을 증명해가는 것이죠. 물론, 넘어야 할 큰 산이기는 하지만 나의 목표는 안정된 회사 경영입니다."

분필 제조는 더 이상 성장산업이 아니다. 그러나 다카히사는 사업의 안정과 확대를 지향하고 있었다.

"장애인 고용을 지속하기 위해선가요?"

그렇게 물은 나에게 4대 사장은 고개를 크게 가로저었다.

"아니요, 그뿐만은 아닙니다. 감사의 마음 때문이죠. 나를 시작으로 비장애인 직원 전체가 장애를 가진 동료들에게서 일하는 기쁨을 배웠습니다. 장애인 직원들은 우리가 쌓은 공정에 따라 일만 하고 있는 게 아닙니다. 그들은 사명감을 가지고 한마음으로 작업하고, 혼신을 다해 회사에 도움을 주고 싶다고 생각하고 있지요. 장애인 직원들은 한순간 한순간 일하는 기쁨을 온몸으로 나타내고 그것을 직장에 되돌려 줍니다. 그 모습을 보는 것만으로도 얼굴에 자연히 미소가 번지죠. 삶과 일, 그 기쁨을 나는 매일 그들에게서 배우고 있습니다."

바보, 멍청이, 미치광이, 정신박약. 마음을 차갑게 만드는 말들로 지적장애인을 무시해왔던 오랜 세월 속에서, 일본이화학공업은 그들의 정규고용을 단행했다. 이후 그들은 사업의 주된 종사자가 되었고, 현재까지 회사에 남아 있다.

그 사실만으로도 기적이라고 말하고 싶지만, 사실 일본이화학공업의 진가는 그 뒤에 있다. 그것은 장애인 직원들이 자의 반 타의 반 사람들에게 일하는 행복을 선사해주고 있다는 사실이다.

"사람은 일할 때 행복을 얻을 수 있습니다. 그것은 비장애인에게나 장애인에게나 똑같은 사실이죠."

이러한 신념을 가지고 지적장애인 고용의 길을 개척한 사람은 사장 오야마 다카히사의 아버지이자 현재 일본이화학공업의 회장 오야마 야스히로다.

"아버지의 그런 방식에 의문을 가지고 반발한 때도 있었습니다. 시장 확대나 이익 추구를 따라야 하는 자본주의 사회에서 지적장애인 고용에 힘쓴다는 것은 최대의 손실이라고 생각했기 때문입니다. 지금은 한 시기라도 그렇게 생각한 나를 부끄럽게 여기고 있습니다. 그때의 경박했던 내가 부끄러워서 고개를 들 수가 없죠."

시원시원한 그 목소리를 들으며, '일본에서 가장 소중한 회사'라고 불리는 일본이화학공업의 과거와 미래를 기억해야 하는 의미에 대해서 나는 생각했다.

일본이화학공업의 홈페이지에는 '비전과 목표'로 다음과 같은 말이 적혀 있다.

> 일본에서 가장 강하고 친절한 회사를 목표로 한다.
> 경영적으로도 강하고, 정신적으로도 강하며,
> 사람들에게 친절을 베풀고, 사람과 환경에 친절한 상품을 만들 것이다.

또한 공장의 뒷마당에는 조각가 마쓰사카 세쓰조가 일본이화학공업에 기증한 조각인 '일하는 기쁨 상'이 있다. 거기에는 오야마 야스히로 회장의 말이 적혀 있다.

> 일하는 기쁨
>
> 인간의 궁극적인 행복은 사랑받는 것, 칭찬받는 것, 도움을 주는 것,

필요한 존재가 되는 것, 이 네 가지라고 한다.

일을 하면 사랑 이외의 세 가지 행복을 얻을 수 있다.

그러나 나는, 일을 하면 그 사랑까지도 얻을 수 있다고 생각한다.

일본이화학공업주식회사

사장 오야마 야스히로, 1999년 5월

오야마 회장 그리고 오야마 사장으로 이어진 경영이념. 분필 산업을 책임지는 직원들의 인생. 그 일부를 취재하고 집필할 기회를 만난 나는, 첫 번째 걸음으로서 이 회사의 에이스인 혼다와 그 가족을 만나고 싶어졌다. 일본이화학공업이 겪은 과정을 상세하게 알 수 있는 동시에 작업장에서 만난 빛나는 눈동자를 가진 청년의 성장과 그 생각을 읽고 싶었기 때문이다.

예정되어 있지 않았던 가족들의 취재가 이루어질까? 안 된다면 고집 부리지 않기로 마음먹고 있던 나에게 다카히사는 이렇게 대답했다.

"가족들의 취재는 지금까지 시도해본 적이 없어요. 각자 생각이 있고, 각자 입장이 있으니까요. 그렇지만 작가님의 취재 의도를 충분히 이해할 수 있으니 혼다 가족에게 연락해보겠습니다. 제가 대신 취재를 부탁해볼게요."

그리고 다카히사는 얼마 지나지 않아 일본이화학공업에서 일하는 혼다 가족과의 취재 기회를 만들어주었다.

장애를 가졌지만 열심히 일하는 그들의 과거를 듣고, 그들과 함께 생활하는 가족들에게 생각을 묻는다. 이것으로 일본이화학공업이 얼마나 특별한지, 또 얼마나 다르고 얼마나 훌륭한지를 나는 알 수 있었다.

PART II

장애인을 둔 가족들의 생각

일을 가져라, 혼다 신지와 그의 어머니 이야기

"일본이화학공업에 근무할 수 있어서 얼마나 감사한지 몰라요."

일본이화학공업의 회의실을 찾아온 혼다 신지의 어머니 유코는 양손으로 내 명함을 소중히 받아 들며 가장 먼저 그렇게 말했다.

"혼다는 일본이화학공업의 에이스라고 오야마 사장님이 말씀하셨어요. 모든 직원들이 의지하는 존재라고요."

내가 이렇게 말하자 유코는 미소를 지었다.

"다 여러분 덕분에 지금의 신지가 있다고 생각합니다. 일에 책임감을 갖고 또 분필 만드는 일에 기쁨을 느끼면서 하루하루를 보내고 있죠. 부모로서 이 이상의 행복은 없답니다."

혼다 신지는 1978년에 혼다 집안의 장남으로 태어났다. 그러나 신지는 두 살이 되도록 말을 하지 못했고, 유코는 걱정스러운 마음에 아들을 데리고 병원을 찾았다. 그곳에서 몇 가지 검사를 받은 후 의사는 '자폐증적 경향'이라는 진단을 내렸다고 한다.

유코의 회상은 혼다가 태어났을 때로 거슬러 올라갔다.

"신지는 첫아이였기 때문에 나에게는 첫 육아였죠. 한 살이 지나고 두 살이 돼도 좀처럼 말을 하지 못해 걱정을 했지만, 주변 사람들은 원래 남자아이들은 말이 늦다며 걱정하지 말라고 하더군요. 그때까지 내 아이에게 장애가 있을 거라고는 조금도 생각하지 않았어요."

그러나 세 살 영유아 검진 때 보건소에서 "유아상담실에 가보는 게 좋을 것 같습니다."라는 말을 들었다고 한다. 그래서 당시 살고 있던 도쿄 도 히가시무라야마 시에 있는 유아상담실을 찾아갔다.

"그 상담실에서 증상을 얘기한 후 의사에게 진찰을 받았어요. 의사 선생님이 '이 아이는 단순히 말이 느린 게 아닌 것 같습니다. 어떤 장애가 있을 가능성이 높아요.'라고 하시더군요."

그때까지 장애라는 말을 한 번도 떠올린 적인 없었던 유코는 큰 충격을 받았다.

그런데도 불구하고 아직 어린 아들을 바라보는 가족들의 눈에는 낙관적인 생각이 뿌리 깊게 박혀 있었다.

"남편은 발달이 조금 느리더라도 크면 다른 아이들과 같아질 거라고 말했어요. 너무 심각하게 생각하지 말라면서요. 확실히 신지를 키우는 나와 남편이 아이의 미래를 비관적으로 생각해봐야 좋을 게 하나도 없다고 생각했었죠."

그러나 병원에서 본격적인 검사를 받으면서 그러한 낙관은 아무 의미가 없다는 것을 알게 되었다.

"병원에 가서 여러 가지 검사를 받으면서 신지가 다른 아이들과는 다르다는 것을 알게 됐습니다. 지적장애가 있다는 것이 판명됐기 때문이에요. 의사는 '어렸을 때는 보통 아이들과 그다지 다르지 않지만, 이 아이의 성장은 가로선과 같습니다. 보통 아이들처럼 성장할 수 없습니다.'라고 선고했지요."

원인을 찾기 위해 수많은 검사를 했다고 한다. 선천적인 아미노산 대사 이상은 아닐까, 아니면 염색체 이상은 아닐까, 다양한 검사를 했지만 확실한 원인을 찾을 수는 없었다. 병명은 '자폐증적 경향'이었다.

"할 수 있는 검사는 모두 다 했지만, 결국은 원인을 찾지 못했죠. 보통 아이들처럼 성장할 수 없다고 말한 의사도 결국은 '댁의 아들은 자폐증적 경향인 것 같습니다.'라며 애매한 진단만 내렸어요."

자폐증적 경향이란 일반적인 자폐증보다 그 증상이 가벼운 측면이 있다. 품에 안은 어린 아들은 말이 늦고 표정이 없을 뿐 신체적인 장애는 없었다. 그러나 성장 과정에서 자폐증 증상이 두드러질지도 몰랐다. 그렇게 되면 사회에 나갈 수 없을 것이다. 자폐증, 자폐증적 경향이란 도대체 어떠한 증상일까, 어떠한 장애일까, 유코는 그 본질을 이해할 수 없었다.

어머니의 불안은 더욱더 커져갔다.

한 살 한 살 나이를 먹어가는 신지의 증상을 가장 가까이서 느낄 수 있었던 유코는 의사의 진단이 노파심이길 바라면서도 불안감을 떨쳐낼 수 없었다고 한다.

"나는 매일 눈물을 흘렸습니다. '왜 내 아이일까?' '어째서 신지가 이런 병에 걸린 걸까?' 매일 그 생각만 했어요. 건강한 몸으로 무사히 태어났기 때문에 탈 없이 잘 자랄 거라고만 생각했죠. 그런데 신지가 유치원에 들어갈 무렵에 자폐증적 경향이 있다는 소리를 듣고 난 후 나는 나 자신을 원망했어요. 임신했을 때 내가 무슨 잘못을 한 건 아닐까, 아니면 양육 방법이 잘못된 것은 아닐까, 그런 생각이 머릿속을 맴돌았죠."

그 시대에는 자폐증에 대한 정보도 지식도 부족했고, 본인도 주변 사람들도 자폐증을 이해해주지 않았다. 놀랍게도, 자폐증은 부모의 양육에 원인이 있다는 잘못된 보도가 흘러나오기도 했었다.

소용돌이치는 초조함과 내 아이의 미래에 대한 걱정. 아이의 성장이 기쁨이어야 할 젊은 어머니 유코는, 사태는 아무것도 바뀌지 않는다는 것을 알면서도 매일 밤 자신을 원망했다.

그 마음을 어떻게 다잡은 것일까? 유코에게 전환점이 찾아왔다.

"유아상담실을 찾아가 선생님과 일대일로 대화를 나눌 때에는 역시 나를 원망하는 마음밖에 들지 않았어요. 그러나 장애 아이를 키우는 엄마들의 모임에 참석하고 나서부터는 생각이 바뀌기 시작했습니다."

그 엄마들은 유코를 가장 많이 이해해주는 사람들이었다.

"엄마들과 대화하는 시간이 늘어날수록 평정심을 되찾을 수 있었어요."

같은 증상의 아이를 가진 엄마들과 만나고 대화를 나누면서 유코는 '나만 괴롭고 불안한 게 아니구나.'라는 안도감을 느꼈다고 한다.

"주변 엄마들은 의외로 모두 밝았어요. 무엇보다 그것이 가장 큰 구원이었죠. 그리고 정보를 나누던 중에 자폐증은 양육과 전혀 상관이 없다는 사실을 알게 되었어요. 신지의 자폐증적 경향은 나의 양육 때문이 아니라고 생각한 순간부터 마음이 한결 가벼워지기 시작했어요."

유코는 아무에게도 말할 수 없는 불안과 푸념을 같은 처지에 놓인 엄마들과 주고받았다.

"나에게는 그 시간이 매우 소중했습니다. 거기서 만난 엄마들과 쌓은 신뢰관계는 내가 신지를 양육하는 힘이 됐습니다."

히가시무라야마의 유아상담실 소개로 1년 동안 다닌 치료센터에서는 강사가 신지에게 회화 수업도 해주었다. 유코는 단어를 기억하고 말하는 아들을 대견스럽게 바라봤다. 그곳에서 새로운 만남도 있었다.

"자폐증뿐만 아니라 다른 증상의 장애인과 그 가족들도 만나게 됐어요. 신지처럼 어린아이도 있었지만 성인 장애인도 있었기 때문에 다양한 사람과 대화를 나눌 수 있었습니다. 나에게 있어서는 그것이 가장 큰 경험이었지요."

신지는 초등학교에 들어가기 전 1년 동안 도립 유치원에 다녔다.

"낮잠을 자지 못해 힘들어했고, 불안해서 화장실 근처를 떠나지 못했죠. 그래서 낮잠시간 전에 신지를 집으로 데리고 왔어요. 점심시간에 집에 오는 원아는 신지뿐이었기 때문에 좀처럼 다른 엄마들과 교류할 수가 없었어요. 그러나 저처럼 장애아를 둔 엄마들과는 신지가 초등학생이 될 때까지 계속 만났어요."

유코는 사람들과 만남을 통해 얻은 공감과 다양한 정보 덕분에 자폐증적 경향을 보이는 아들의 성장을 정면으로 받아들일 수 있게 되었다.

그들과의 만남을 통해 장애인과 그 가족의 인생을 엿볼 수 있었다. 그것은 마치 훈다 가족의 모습 같았다.

그들을 만나고 대화를 나누면서 앞으로 신지에게 어떤 일이 생길지, 어떤 역경이 있을지 유코는 알 수 있었다고 한다.

그러나 성장과 함께 유코와 신지가 마주해야 하는 시련이 늘어난 것도 사실이었다.

초등학생 때 신지는 전학을 다녀야 했다.

"남편은 직업상 전근이 많았기 때문에 우리는 자주 이사를 다녀야만 했어요. 신지는 히가시무라야마 초등학교에 입학했지만, 아들이 2학년일 때 우리는 시즈오카 현 하마마쓰 시로 이사를 가게 됐지요."

그 후로도 두 번의 전학을 가게 됐다. 자폐증적 경향이 있는 신지에게 반복된 전학은 큰 부담이었을 것이다. 유코에게 묻자 당시를 이렇게 회상했다.

"신지도 세 번의 전학이 매우 힘들었을 거예요. 전학할 때에는 신지가 자폐증적 경향이 있다는 것을 담임선생님과 같은 반 친구들에게 이해시켜야만 했죠."

특수학급에 들어가는 것으로 따가운 시선은 피할 수 있었다. 친절한 사람도 있었지만, 자폐증을 이해하지 못하고 신지를 놀리거나 괴롭히는 사람도 적지 않았다.

"어디로 전학을 가든지 힘든 점은 있었어요. 그러나 나는 혼자가 아니었어요. 이사 간 곳에서도 특수학급의 보호자들과 교류를 했고, 서로에게 힘을 주며 정보를 교환했어요. 그때 히가시무라야마에서 쌓은 경험이 많은 도움이 되었죠."

물론 모든 초등학교에 특수학급이 마련돼 있는 것은 아니었다. 전학 간 곳에 따라서는 교내에 특수학급이 없는 곳도 있었다.

"보통의 아이들은 이사 갈 곳이 정해지면 통학구역은 여기다, 이 초등학교에 다녀야 한다며 간단하게 전학 수속을 밟을 수 있지만, 신지의 경우는 그렇게 간단하지 않았어요. 특히 지방 학교에는 특수학급이 없는 곳도 많았고, '특수학급이 있는 학교는 여기서 조금 멉니다.'라는 말을 들으면 통학구역 밖에 있는 초등학교에 다녀야만 했지요."

처음 전학을 간 하마마쓰에는 아이 걸음으로 한 시간 정도 걸리는 곳에 학교가 있었다.

"통학 길을 알려주기 위해 신지와 나는 학교까지 걸어 다녔습니다. 가장 가까운 지름길은 어디인지 지도를 보면서 통학로를 확인하는 동시에 위험한 장소를 찾은 후 가까이 다가가지 못하게 주의를 주었죠."

혼자 학교에 보내도 걱정이 된 유코는 신지 몰래 뒤를 따라갔다고 한다.

"자폐증에도 여러 가지 증상이 있어요. 패닉을 일으키는 아이도 있지만, 신지는 그런 일은 전혀 없었어요. 이사를 하면서 몇몇 학교를 다녔지만 의외로 그 환경에 잘 적응해주었답니다."

혼다 일가는 신지를 장남으로 차남과 삼남을 둔 5인 가족이었다.

“장애를 가진 장남을 포함해 남자아이 세 명을 키우려면 얼마나 힘들겠냐는 말을 많이 들었지만, 나는 그렇게 생각하지 않았습니다. 신지는 말수는 적었지만 동생들을 잘 돌봐 줬고, 내가 하는 것을 보고는 어렸을 때부터 집안일도 잘 도왔죠.”

동생들을 잘 돌보는 좋은 형. 한 가지 일에 몰두하는 집중력과 새로운 것에 느끼는 호기심은 그 무렵부터 엿볼 수 있었다고 한다.

“바로 아래 동생과는 두 살 터울인데 신지는 그 아이를 라이벌처럼 생각했어요. 다행히 둘째는 건강했죠. 그런 동생이 고등학교에 들어가자 ‘나는 왜 고등학교에 못 가?’ 하고 묻고, 대학에 들어갔을 때는 ‘나는 대학 못 가?’ 하고 묻더군요. 동생이 하는 건 나도 할 수 있다는 생각이 강해서 동생을 좋은 경쟁자로 생각했어요. 물론 동생과 똑같이 나아갈 수는 없었지만, 경쟁을 하면서 더 잘하고 싶은 마음, 포기하지 않는 마음이 자라난 것 같아요.”

자폐증적 경향을 앓고 있는 신지는 밖에서는 말을 하지 않고 감정을 드러내지 않았지만 집에서는 달랐다.

“신지는 동생에게 자신의 기분을 정확하게 말했어요. 그래서 동생과 자주 싸우기도 했지요. 분하다며 싸움을 걸었고, 결국 동생에게 지고 말았지만 그래도 억울할 때마다 계속해서 싸움을 걸었어요.”

건강한 남동생은 어렸을 때부터 신지를 받아주었다.

“점점 커가는 과정 속에서 둘째는 상황을 이해하기 시작했어요. 보통 형제 관계와는 다르다는 것을 초등학생 무렵에는 완전히 이해해줬죠.”

형제가 있어서 신지가 얻을 수 있었던 경쟁심과 대화의 기회. 유코를 도와 집안일을 하는 신지. 자폐증적 경향이 있는 형을 이해하는 동생.

"형이라는 의식을 가지고 있는 신지와, 형을 이해하는 둘째, 그 모습에 안도했습니다. 형제가 있어서 다행이라고 생각한 적이 한두 번이 아니에요."

거기에는 이유가 있었다.

"사실 막내로 태어난 셋째는 신지보다 심각한 장애를 가지고 있어요. 둘째와는 네 살 터울이고, 신지와는 여섯 살 차이인 이 아이는, 신지에게는 없던 패닉 증상이 있었어요. 그래서 나는 막내 주위를 떠날 수가 없었죠."

셋째에게는 자폐증 증상이 눈에 띄게 나타났다.

"실제로 빈번하게 일어나는 패닉에 대응해야만 했어요."

자폐 아동에게 일어나는 패닉이란 무엇일까? 당연히 건강한 사람이 위급한 상황에 닥쳤을 때 허둥대거나 깜박하는 패닉과는 다르다. 유코의 설명은 이러했다.

"갑자기 짜증을 내거나 이상한 소리를 지르고 울거나 폭력적으로 변하든지 하지요. 주위를 뛰어다니거나 계속해서 비명을 지르고 흥분해서 물건을 집어던지며 분노를 표출하는 등 폭발해버리는 것과 같아요. 그것을 '패닉'이라고 부르지요."

패닉을 일으키는 원인은 불쾌한 소리나 감각, 눈에 거슬리는 물건이나 사람이 보였을 경우, 지금의 상황이 이해되지 않는 경우, 급격한 변화로 인해 강한 불안감과 당혹감이 일어난 경우, 또는 자신의 생각이 전달되지 않았을 때나 대화를 이해하지 못했을 때에도 일어난다.

유코는 셋째의 패닉 증상을 보면서 신지의 증상이 가벼운 정도라는 것을 알게 되었다고 한다.

"나는 막내가 태어나면서 패닉을 알게 됐어요. 모임 엄마에게 '신지는 패닉을 일으켜?'라는 질문을 받았을 때 패닉이라는 증상을 알지 못해서 '패닉이 뭐야?'라고 되물을 정도였어요. 막내를 키우면서 '이게 패닉이구나.' 알게 됐고, 신지의 자폐증적 경향은 매우 가벼운 증상이라는 것을 이해하게 됐죠."

셋째에게는 한시도 눈을 뗄 수 없었지만, 신지는 혼자서 행동할 수 있었다.

"신지는 부모가 따라다니지 않아도 많은 것을 혼자 해냈습니다. 이를테면 학교도, 치과도 혼자 갔죠. 준비만 잘 시켜주면 신지는 많은 일을 혼자 해낼 수 있었어요."

신지는 초등학생 때 전학을 반복했지만, 중학생 때부터는 아버지가 지방근무를 했기 때문에 사이타마 현 구마가야 시에 있는 한 학교를 3년 동안 다녔다.

"신지가 고등학교에 들어갈 무렵에는 남편의 원래 근무지였던 가와사키로 다시 이사를 가게 됐어요. 그래서 신지는 초등학교 선배들이 다녔던 양호학교의 고등부에 들어가게 됐어요. 선배들이 많았던 그 학교에서 신지는 마음 편안하게 공부를 했답니다. 운동도 하고 기술훈련 실습도 했지요. 그리고 선생님과 면담을 하면서 진로상담도 했습니다."

신지는 이 양호학교의 실습생으로 일본이화학공업에 들어왔다. 유코는 일본이화학공업에 취직하면서 아들의 인생이 빛나기 시작했다고 말했다.

"이 회사를 만난 건 신지에게 최고의 행복입니다."

당시 신지의 부모는 아들이 앞으로 겪을 가장 큰 난관은 취업이라고 생각했었다.

"응답이 느리고 말이 분명하지 않아서 신지는 다른 사람과 대화하는 게 매우 어렵죠. 그런 점 때문에 직원이 많은 회사는 피해야 한다고 생각했어요."

취업을 위해 많은 도전을 해왔던 신지에게는 그만큼 힘든 경험도 많았다.

"배송 관련 회사로 실습을 나간 적이 있었는데 좀처럼 의사소통이 되지 않아 어려움을 겪었어요. 그때 일반 회사에 취업하는 건 아직 무리라고 단념하게 됐지요."

취직한 후 일을 계속할 수 있을지 어떨지, 그것이 신지의 앞날을 결정하는 중요한 사항이었다. 유코는 신지가 가진 능력을 살릴 수 있는 곳이 없을까 계속해서 고민했다.

"일반 회사는 무리라 단순작업을 하는 작업장에 신지를 실습 보낸 적이 있었어요."

2주간의 실습이 끝나자 그 작업장의 책임자는 유코가 생각지도 못한 말을 꺼냈다.

"작업 책임자와의 마지막 면담에서 그가 이렇게 말하더군요. '이곳에 있기에 신지는 너무 아깝습니다.' 신지라면 조금 더 나은 일도 할 수 있을 거라는 그 말에 다양한 직종을 시도해보기로 했어요."

그 선택지 중 하나로 능력개발센터가 있었다.

"능력개발센터는 2주 동안 기숙사 생활을 해야만 했죠. 실제로 가서 견학을 해보니 그곳의 실습 내용은 주로 기계 조작이었어요. 일에 대한 의욕이 왕성한 신지를 보고 폭넓은 선택지를 만들어주기 위해 많은 정보를 모았답니다."

그때 일본이화학공업이 실습생을 모집한다는 말을 들었다고 한다.

유코는 바로 일본이화학공업으로 달려가 "저희 아들에게 제발 실습할 기회를 주세요."라고 부탁했다.

"일본이화학공업은 이전부터 알고 있었어요. 양호학교 고등부에 들어갔을 무렵에 가와사키 시 다카쓰 구에 있는 '장애인 생활지원센터 와카타테'에 견학을 간 적이 있었는데, 그곳에서 일본이화학공업이 화제에 올랐었죠. 장애인 고용에 역사가 깊은 회사라고요."

신지와 부모는 일본이화학공업에 견학을 갔다.

"모처럼 남편도 쉬는 날이었기 때문에 신지와 함께 분필 제조라인을 견학했어요. 모두 열심히 일하고 있는 그 회사에 감격했지만, 본격적인 제조작업에 앞서 망설임도 있었지요. 이런 곳에서 일하는 것은 아직 어려울지도 모른다고 나는 말했고, 신지도 그 말에 동의했어요. 설마 일본이화학공업에 입사하게 될 줄이야, 신지도 나도 남편도 전혀 생각하지 못했답니다."

1998년 4월, 신지는 일본이화학공업의 실습생이 됐다. 실습생 통지를 받았을 때 유코는 좋은 경험이 될지도 모른다고 생각했다고 한다.

"처음에는 이곳에서 실습한 경험을 살려서 다른 기업에 취업해도 좋다고 사장님이 말씀하시더군요. 견학한 공장에서 일을 해보면 자신감이 생길지도 모른다면서요. 사장님이 그렇게 말해도 나는 물론 매우 기뻤습니다."

막 실습생이 된 신지는 과묵했다.

"신지는 일에 대해 자세하게 말해주지 않았어요. 묻는 말에는 뭐라고 대답해줬지만, 그 밖에 자세한 이야기는 하지 않았죠. 새 직장에 대한 긴장감도 있었을 거예요. 그래도 신지는 일하고 월급 받는 것을 좋아하는 눈치였어요. 노력한 만큼 결과가 돌아온다는 것을 실감했죠. 신지는 지금도 월급날을 손꼽아 기다리고 있어요."

같은 해 11월, 직원 고용을 결심한 일본이화학공업은 신지를 정식 직원으로 받아들였다.

일본이화학공업에는 네 가지 채용 조건이 있었다.

❶ 식사와 화장실을 포함해 자신의 일은 스스로 할 것.

❷ 간단해도 좋으니 의사표현을 할 것.

❸ 열심히 일할 것.

❹ 주변에 폐 끼치지 말 것.

이 조건을 신지는 어려움 없이 통과했다. 자폐증적 경향은 변함 없었지만 그 장애는 가벼웠고, 오히려 집중력과 세밀함에는 뛰어난 감각을 발휘했다.

"나도 그렇지만 신지도 열심히 해줬기 때문에 회사가 그것을 인정해준 것 같아요. 그 결정에 감사할 따름입니다."

직업을 가진 사회인으로 살아가고 싶다는 아들의 생각을 지지해준 부모. 그리고 반드시 일을 구할 수 있을 거라고 믿은 신지. 그러한 생각이 결실을 맺어 정사원이라는 길을 열어주었다.

"성장해가면서 증상이 잦아들 거라며 현실에서 도망치던 시절이 지금은 멀게만 느껴집니다. 신지는 자폐증적 경향이라는 장애와 함께 살아가야만 하죠. 일본이화학공업은 그런 아이에게 직장이 되어준 거예요. 그뿐만 아니라 신지는 보다 좋은 제품을 만들겠다는 자기 삶의 가치를 발견했습니다. 정말 기쁘고 감사할 따름입니다."

일을 통해 싹튼 책임감과 사명

입사 후 신지는 다양한 기술을 연마했다. 처음 신지가 맡은 일은 제조된 분필을 상자에 넣는 작업이었다. 이 일은 정해진 공정에 따라 신속하고 정확하게 작업을 해야만 한다. 신지는 그곳에서 무난하게 일을 익혔다.

회사가 맡은 분필 사업 이외의 일에도 성실하게 임했고, 드디어 회사의 주요 사업인 키트파스 제조가 개시되자 그 담당으로 발탁되어 성형을 담당하게 되었다.

당시 키트파스는 아직 미완성 제품으로 품질개선을 위한 시행착오도 반복됐다. 그러나 신지는 신규사업에 발탁된 것에 엄청난 자부심을 느끼고 있었다.

일본이화학공업의 주력상품인 더스트리스 초크에는 이미 고정된 공정과 순서가 있었지만, 신지가 담당하는 키트파스는 그 과정을 찾아가는 것이 가장 중요한 일이었다. 어떻게 만들지, 어떻게 하면 품질이 좋아질지, 그의 시행착오는 키트파스 완성에 없어서는 안 될 작업이었다.

일본이화학공업은 직원들의 의욕을 향상시켜 주기 위해 개근상과 감투상 등 직원들에게 다양한 상을 수여한다. 게다가 1년 동안 특히 열심히 일한 사람에게는 '올해의 MVP 직원상'을 수여하고, 연말에 열리는 송년회에서 표창을 한다.

신지는 여러 상을 받았고 올해의 MVP 직원으로 뽑힌 적도 있었다.

작업방식을 본 후 기억하고 생각하고 공부해서 완벽한 제품을 만든다. 몇 시간이나 집중력이 흐트러지지 않는다. 신지에게는 그러한 기질과 자질이 있었다.

이번에 일본이화학공업을 방문했을 때 아들이 열심히 일하고 있다는 말을 들은 유코는 안도했고, 아들이 인생의 가치와 삶의 의식을 가슴에 품으며 일하고 있다는 사실에 기뻐했다.

"일본이화학공업의 회장님과 사장님은 특히 혼다 신지를 많이 칭찬해주셨어요. '혼다가 없으면 우리 회사도 없다.'라고 말씀하셨지요."

그 기쁨을 유코도 가슴에 품었다.

"정말 이렇게까지 열심히 하는 것을 보고 부모인 나도 깜짝 놀랐어요. 매년 가족들이 참석한 송년회 자리에서 회사는 직원들에게 다양한 표창을 수여해요. 신지가 표창을 받을 때면 '정말 열심히 하고 있구나.'라는 생각이 들죠. 이전에 느꼈던 고통을 보상받는 느낌이에요."

신지는 일에 경험이 쌓이면서 리더로서의 자각도 보이기 시작했다.

유코도 아들의 변화에 놀랐다.

"언젠가 아침 일찍 서두르는 모습을 보고 '왜 이렇게 일찍 가?'라고 물은 적이 있어요. 그러자 신지는 '요즘 바쁜 시기라 일찍 가야 해.'라고 말하더군요. 일에 대한 책임감을 말로 표현하는 신지의 모습을 보고 무척 기뻤답니다."

시간감각이 없어서 약속시간을 지키지 못했던 시절도 있었다. 자폐증적 경향 때문에 어쩔 수 없다고 체념했던 것이지만 혼신을 다해 일하면서 달라졌다.

유코가 키트파스 제조를 견학했을 때의 일이다. 일하던 신지가 갑자기 유코에게 말을 걸었다. 유코는 아직도 그 말이 가슴속에서 울린다고 했다.

"키트파스를 만들고 있던 신지가 갑자기 얼굴을 들더니 나에게 이렇게 말했어요. '엄마가 좋아하는 초록색.' 손에는 막 성형을 마친 싱그러운 초록색 키트파스가 들려 있었죠. 내가 이전에 초록색을 좋아한다고 신지에게 말했었나 봐요. 그것이 기억났는지 자신이 만든 소중한 키트파스를 보면서 그렇게 말하더군요. 더 이상의 말은 없었지만, 신지의 생각을 알 수 있어서 가슴이 뜨거워졌답니다."

일에도 익숙해지고, 회사에서도 두터운 인간관계를 쌓은 신지는 집을 떠나 기숙사 생활을 시작했다.

"회사 근처에 있는 기숙사에서 생활하기를 본인도 바랐어요. 회사 직원들도 신지라면 문제없을 거라며 용기를 줬죠. 자신의 페이스를 만들고 규칙적으로 생활하는 모습에는 말로 다할 수 없는 감격을 느꼈습니다. 지금은 주말에만 집에 돌아오지만, 월요일 아침에는 말하지 않아도 혼자 일찍 일어나 회사로 향합니다."

다카히사 사장은 신지의 자부심을 존중하고 있었다.

"혼다에게는 '이것은 나의 일이다.'라는 자부심이 있지요. 그렇기 때문에 지금은 자신의 일에 집중하는 것뿐 아니라, 나아가 젊은 직원들에게 일도 가르쳐주고 있답니다. 그리고 그들을 잘 이끌어야 한다는 의식도 상당히 높죠."

장애가 있는 젊은 직원들은 혼다처럼 되고 싶다고 말한다고 한다.

"혼다는 종종 여행도 간다고 하더군요. 회사에 새 직원이 들어오고 마음이 맞으면 휴일에 함께 외출을 하는 것 같습니다. 혼다가 권하면 비장애인 직원들도 함께 외출을 한다고 합니다."

다카히사의 증언에 어머니 유코는 벅찬 감동을 느꼈다.

"친구를 잘 사귀지 못해서 초등학생, 중학생 때에는 특별보호 학급에 있었던 적도 있었고 방과 후나 휴일에도 같이 노는 친구는 없었어요. 학교가 끝나면 집에 돌아와 자기 방에 들어가 혼자 좋아하는 게임을 했죠. 그런 신지에게 지금은 친구가 있다니, 역시 신지는 이 회사에 들어와 일하면서 많이 바뀌었어요."

셋째를 돌보느라 바빴던 유코는 신지의 자립에 안도하고 또 그렇게 도와준 사람들에게 감사함을 느꼈다.

"나는 장애 아이를 가진 엄마들을 만나기 전까지는 '장애 아이는 평생 부모가 돌봐야 한다.'라고만 생각했어요. 그러나 그 부모들과 양호학교 선생님의 지도 덕분에 장애인은 사회의 도움을 받아야 한다는 사실을 알게 됐죠. '부모가 평생' 돌봐야 하는 게 아니라는 것을 조금씩 알게 되었답니다."

유코는 이렇게 덧붙였다.

"물론 부모는 가능한 한, 목숨이 다하는 한 아이를 보살펴 줘야 합니다. 내 아이니까 그건 당연한 일이죠. 그러나 나이가 들어 일을 할 수 없게 되고 눈감게 될 때에는 사회의 도움을 빌려야만 하지 않을까요? 그렇게 할 수 없다면 장애 아이의 부모는 안심하고 눈을 감을 수 없을 겁니다. 확실히 아이보다 부모가 먼저 떠날 테니까요."

자신이 아이보다 먼저 죽는 것을 두려워하는 유코는 일본이라는 사회에 희망을 가지고 있다고 말했다.

"많은 사람들이 내 아들을 자신의 일처럼 생각하고 이끌어줬으니까요."

그리고 일본이화학공업이라는 회사와의 만남에도 희망이 깃들어 있었다. 그곳에서 일하면서 아들은 성실하게 일하는 자랑스러운 청년으로 성장했다.

"사람들은 신지가 회사에 도움이 된다며 칭찬해주곤 합니다. 신지 자신도 일하는 기쁨으로 가득 차 있죠. 더 이상의 행복은 없습니다. 지금의 신지라면 나는 안심하고 눈을 감을 수 있을 것 같아요."

오야마 회장 그리고 오야마 사장이 몰두한 직원의 '적재적소'가 이렇게 해서 결실을 맺게 됐다.

후생노동성은 장애인 복지에 대해서 "장애가 있는 사람도 보통 사람처럼 생활하고 지역의 일원으로 살아갈 수 있는 사회를 만드는 것을 목표로 하며, 장애인 복지 서비스를 비롯한 장애보건복지 정책을 추진한다. 또한 장애인 제도 개혁에도 전력을 다할 것이다."(후생노동성 공식 사이트 '장애인 복지' 페이지 발췌)라고 밝히며 2015년 4월에는 '지역사회의 공생을 실현하기 위한 새로운 장애보건복지 정책을 세우는 법률'로서 '장애인 종합지원법'을 시행했다.

국가나 지역에 복지를 바라는 마음은 적지 않을 것이다. 그러나 국가나 행정과는 아무 관련이 없었던 일본이화학공업의 '지적장애인 고용의 역사'를 더듬어갈수록 민간도 복지사회를 실현할 수 있다는 사실을 깊이 깨달았다.

일본이화학공업에는 입사부터 정년까지 오랫동안 일할 수 있는 환경이 만들어져 있었다.

신지와 그의 어머니에게도 그 사실은 매우 중요했다.

"입사하고 몇 년이 지났을 때 오야마 사장님이 '우리 회사는 60세까지 근무할 수 있습니다. 만약 본인이 부담을 느끼지 않는다면 65세까지 근무할 수도 있죠.'라고 말씀하셨어요. 그 이야기는 부모로서 매우 고마운 말이었습니다. 짧게 짧게 직장을 계속 바꾸다 보면 일하는 기쁨을 얻을 수 없죠. 무엇보다 신지도 나도 현재보다는 미래를 불안해하고 있었어요. 그러나 사장님의 그 말씀에 신지는 미래로 나아갈 수 있게 되었답니다."

노동력으로 인정받는 증표라고 할 수 있는 월급을 받는다, 신지는 그 사회 시스템 속에서 살아가고 있었다.

비장애인들은 장애인이라는 말을 쉽게 쓴다. 그러나 일본이화학공업을 찾아가 직원들을 만나면 한 사람 한 사람의 개성, 그들의 인생을 장애인이라는 말로 한 데 묶는 것이 얼마나 위험한 생각인지 깨닫게 된다.

신지도 이 회사에서 새로운 것을 배우고, 새로운 제품을 만들고, 도전하고, 직원으로서 충분한 역할을 다하고 있다. 법률로 고용이 의무화된 단순한 장애인 한 명이 아니다.

장애인이 최전선에서 일하고 주 인력이 되는 회사, 그것이 일본 이화학공업의 특별함을 증명해주었다.

"장애가 있기 때문에 할 수 없다가 아니라, 장애가 있더라도 할 수 있는 방법을 회사가 생각해주었지요."

그렇게 말한 유코는 신지가 양호학교에 있을 때 느꼈던 불안한 마음을 회상했다.

"양호학교에서는 '우리 아이가 어때서?'라는 생각으로 장애인 자녀를 일반 회사에 취직시키는 부모가 종종 있었어요. 그러나 회사는 매우 좋았지만 일에 있어서도, 인간관계에 있어서도 장애인이라는 편견을 깨지 못하고 좌절해서 결국은 퇴사했다는 말을 많이 들었지요. 능력과 가능성이 숨어 있는데도 불구하고 그것을 살리는 환경도, 이끄는 사람도 없으면 아무리 큰 기업이라도 일하는 보람을 느낄 수 없다고 생각합니다. 운 좋게 신지는 정말 좋은 곳에서 일하게 되었죠. 그 점에 대해 정말 감사하다고 거듭 말하고 싶어요. 역시 장애인이라고 포기해서는 안 되는 거였어요. 부모로서도 정말 많은 공부가 됐습니다."

혼다 가족의 정

신지의 모습을 자세히 말해준 유코에게 감사의 인사를 전한 나는 또 하나 물어보고 싶은 것이 생각났다. 그것은 신지 아버지의 생각과 건강한 차남에 대한 질문이었다.

유코의 남편이자 신지의 아버지는 아들의 장애를 어떻게 생각하고 있을까.

"남편은 전근도 많고 바빴기 때문에 특히 아이들이 어렸을 때에는 함께 있는 시간이 매우 짧았어요. 토요일에도 출근하는 직업이라 양육은 거의 나 혼자 하다시피 했죠. 신지의 유치원이나 초등학교 행사, 또 요일 참관수업에도 남편은 휴가를 낼 수 없어서 나 혼자 갔었어요. 내가 막내를 업고 둘째 손을 잡고 학교에 가면 주변 엄마들이 저를 많이 도와줬지요."

유코의 남편은 어쨌든 일하는 직장인이었다.

"남편이 일한 돈으로 가족은 생활하고, 각각 나아갈 길을 걸어갔습니다. 남편은 절망적인 말을 한 번도 꺼낸 적이 없어요. 전근도, 휴일 출근도 일상처럼 받아들였지요."

형제들은 그런 아버지의 뒷모습을 보며 자랐다.

"최근 남편과 이런 이야기를 나눴어요. 첫째도, 막내도 보통 아이였다면 우리는 서로 바쁘게 일해서 오히려 가족이 뿔뿔이 흩어졌을지도 모른다고요. 장애를 가진 아이들 덕분에 우리 가족이 하나로 똘똘 뭉친 거라고요."

매해 열리는 회사 송년회에도 참석한 적이 없던 신지의 아버지는 몇 년 전 신지가 MVP 직원 표창을 받을 때에 연회장으로 급히 달려왔다.

"사장님이 신지를 칭찬하는 말을 듣고 남편도 안심했어요. 그러고는 '정말 좋은 모임이네. 내년에도 와야겠어.'라고 말하더군요."

말로 표현하지 않아도 가슴으로 느끼며 서로 감정이 통한다는 것을 알 수 있었다. 혼다 집안에는 무엇과도 바꿀 수 없는 가족 간의 끈끈한 정이 있었다.

나는 계속해서 부모와는 감정이 다르고 또 고생이 많았을 차남의 생각에 대해서 솔직하게 물어보았다.

"둘째 아들은 자신의 환경과 입장을 어떻게 생각하나요? 자신의 생각을 부모님에게 말한 적은 없나요?"

유코는 숨기지 않고 대답해주었다.

"장애인 형과 동생을 가진 것에 대해 둘째는 아무 말도 하지 않았어요. 전학 간 곳에서 장애인과 형제라는 이유로 따돌림을 받은 적도 없었지요. 둘째는 건강하게 잘 자라줬습니다. 다만, 둘째가 고등학교 1학년 때 내 어머니, 즉 그 애의 외할머니에게 이렇게 말했다고 해요. '할머니, 형은 자기 일을 스스로 잘해서 상관없지만 동생은 내가 돌봐 줘야 해.'라고요."

유코는 둘째의 이 말에 고마움과 미안함을 동시에 느꼈다고 한다.

"건강하게 태어난 둘째는 보통 아이들이 부담하지 않아도 되는 책임감을 짊어지게 된 거죠. 어머니의 이야기를 듣고 그것이 안쓰러웠어요. 그러나 한편으로는 피할 수 없는 현실을 받아들인 듬직함도 느껴졌지요. 자폐증적 경향을 앓고 있는 형의 시기심, 동생의 패닉 등 집안에서 일어나는 일들이 둘째에게는 버거운 적도 있었을 거예요. 그러나 그 아이는 나와 남편에게 울면서 불만을 말한 적은 한 번도 없었어요."

둘째가 외할머니에게 형과 동생에 대한 생각을 말한 데에는 이유가 있었다.

"나는 그때 유방암에 걸려서 수술을 앞두고 있었죠. 그건 종종 집안일을 도와주러 온 외할머니에게 아들이 한 말이었어요."

세 형제 중 두 명의 장애 아이 그리고 유코의 유방암 발병과 수술. 그것은 혼다 집안에 찾아온 격동의 나날이었다.

"유방암은 신지가 양호학교 고등부를 졸업할 무렵에 발병했어요. 막내도 초등학교 졸업을 앞둔 상태였죠. 막내는 민들레 반이라는 비교적 일찍 하교하는 반에 들어갔어요. 초등학교를 졸업하고 신지가 다니던 양호학교의 중등부를 다니기로 했지만, 신지와 막내는 나이 차이가 여섯 살 나기 때문에 같이 학교를 다닐 수는 없었지요."

패닉이 있는 셋째를 다른 사람에게 맡길 수는 없었다.

"그러나 나도 빨리 수술을 받아야 했던 만큼 막내를 바로 입학시켰습니다. 두 아이의 졸업식은 남편이 휴가를 내어 가주었어요. 어머니도 일을 도와주기 위해 우리 집에 자주 오셨지만, 집안일은 첫째와 둘째가 서로 분담해서 했지요. 형이 요리를 만들고 동생은 장을 보고, 그렇게 한 달 가까이를 보냈어요."

그러나 암은 쉽게 치료되지 않았다.

"다음 해에 암이 재발했고, 그 후 2년 동안 꾸준히 항암제 치료를 받았습니다. 그 치료법이 효력을 나타낸 덕분에 암은 완치됐죠. 지금은 2년에 한 번 정기검진을 받을 뿐이에요."

장애 아이 양육과 암 치료. 그때는 받아들일 수 없는 불안감이 유코를 엄습했다.

"암이라는 사실을 알았을 때 그 진단을 받아들이기가 무척 무서웠지요. 암이라는 이야기를 들었을 때 곧바로 '죽음'이 떠올랐어요. 암이 재발했을 때에는 이제 끝이라는 생각까지 들었죠."

항암제 치료 중에는 머리카락이 빠지고 구토가 나며 미각이 사라졌기 때문에 음식도 먹을 수 없었다. 그런 상황 속에서 유코는 둘째 아들의 각오를 들은 것이다.

"내가 없어진다면 하고 상상한 적도 있었죠. 다행스럽게도 힘든 치료를 성공적으로 마치고 집에 돌아와 일상생활을 할 수 있게 됐지만, 둘째가 가진 생각은 나의 큰 버팀목이 되었습니다."

현재 유코의 가슴속에는 장애인 엄마라는 비관은 없었다.

"아들치고는 친절해요. 나에게 화를 낸 적도 없지요. 내 몸 상태가 안 좋아 보이면 이불을 덮어주며 '조금 자.'라고 말해줘요. 친절한 아이들이에요. 신지도, 둘째도요."

신지의 요리 실력은 유코가 병원에 입원했을 때 일취월장했다고 한다.

"어려운 요리는 만들지 못하지만, 굽거나 끓이는 요리는 제법 한답니다. 감자 샐러드를 좋아하는 신지는 그것을 자주 혼자 만들어 먹어요."

신지에게 요리를 가르쳐준 적은 없었다. 유코가 하는 것을 보고 신지가 외운 것뿐이다.

"신지는 내 행동을 자주 바라봐요. 나도 신지가 무엇을 할 때 이렇게 해라, 저렇게 해라 말하지 않고 아들 옆에 가만히 서 있기만 하지요. 요리뿐만 아니라 정리정돈이나 설거지도 곧잘 알아서 해요. 내가 도와달라고 말하지 않아도 혼자 하지요. 신지는 손끝이 야무지고 무슨 일이든지 집중해서 하기 때문에 실수하는 법은 없어요. '밥이 없어.' 또는 '아직 화장실 청소를 안 했는데.'라고 무심코 한마디 내뱉으면 퇴근하고 와서 피곤할 텐데도 '내가 할게.'라며 싫은 내색 없이 해주죠."

마음이 따뜻한 신지와 형과 동생을 배려할 줄 아는 둘째는 유코에게 있어서 큰 소리로 자랑하고 싶은 아들들이었다.

그 자랑스러운 아들을 보고 직장의 사장은 '우리 회사의 에이스'라고 말한다.

일본이화학공업의 지적장애인 고용과 독자적인 상품 제조라는 도전은 이러한 행복을 만들어내고 있었다.

일을 가져라, 나카무라 스구루와 그의 어머니 이야기

일본이화학공업의 오리지널 상품인 키트파스는 안정적인 경영과 장애인 고용이라는 문을 더욱 활짝 열어주었다. 그리고 그 목표를 실현하기 위해서는 키트파스의 모든 공정을 분필과 똑같이 장애인 직원에게 맡겨야만 했다. 오야마 회장과 오야마 사장은 그 방법이 무엇인지 고민했다.

사장인 다카히사의 이러한 고민은 직원들의 호기심과 학구열 그리고 즐겁게 일하는 모습을 본 후 안도감으로 바뀌었다. 혼다 신지를 중심으로 이루어진 성형팀은 다카히사가 상상도 하지 못할 정도로 훌륭한 키트파스를 만들어냈다.

그리고 시장 획득에 있어서 무엇보다 중요한 검사팀도 경험과 엄청난 집중력을 발휘해 아름다운 키트파스를 완성시켜 주었다.

그중 한 사람인 나카무라 스구루는 1998년 4월 1일에 이 회사에 입사했다. 현재 키트파스의 검사 담당 반장이다.

나카무라는 회의에도 적극적으로 참여하며, 경험이 부족한 직원들의 작업지도도 맡고 있다.

묵묵히 작업을 하고 있는 나카무라의 모습은 탁월한 능력을 보이는 장인의 모습과도 같았다. 그런 나카무라에게서 위엄과 함께, 물건을 만드는 일에 대한 각별한 사랑을 느낄 수 있었다.

나카무라 스구루가 일하는 모습을 흐뭇하게 바라보던 사장이 나에게 말했다.

"나카무라는 손재주가 있어서 물건 만드는 일을 하고 싶었다고 합니다. 그는 보잘것없고 하찮은 일도 열심히 합니다. 그를 키운 어머니도 나카무라가 우리 회사에 들어와 일하는 것을 매우 좋아하죠."

다음에는 꼭 나카무라의 어머니를 만나서 이야기를 듣고 싶다는 나의 바람은 곧 이루어졌다. 며칠 후, 나카무라의 어머니인 노리코는 나를 분쿄 구에 있는 자택으로 초대해주었다.

대문에서 현관까지 이어지는 좁은 길에는 귀여운 꽃들이 놓여 있었다. 현관문을 열자 손으로 만든 인형과 꽃장식이 벽에 걸려 있었다.

"모두 저희 엄마께서 만든 거예요. 간호가 필요하지만 지금도 이 집에서 함께 살고 계시죠."

마중 나온 노리코는 역 앞에서 산 케이크와 홍차를 내왔다.

"일본이화학공업에 들어간 것은 스구루에게도, 나에게도 가장 큰 행복이에요. 열중할 수 있는 일을 찾아서 스구루도 아주 만족해하고 있어요. 우리는 오야마 회장님과 오야마 사장님을 매우 고맙게 생각하고 있죠. 앞으로도 계속 일본이화학공업에서 일하고 싶다고 바라고 있답니다."

온화하게 미소를 띠며 말하는 노리코에게 나는 스구루가 태어났을 때부터를 물어보았다.

"스구루는 우리 집의 장남이에요. 네 살 어린 남동생이 한 명 있지요."

노리코는 스구루의 동생이 태어나고 얼마 지나지 않아 이혼을 했다. 시내에 있는 친정으로 돌아와 어머니의 도움을 받아 일을 하며 두 아이를 키웠다고 한다.

"이혼 후 양육비를 받지 못했기 때문에 어떻게 해서든 하루하루 돈을 벌어야만 했어요."

스구루는 보통 아이들과는 달리 한 살, 두 살이 되어도 말이 느리고 외부 자극에 반응도 없었다.

"스구루가 어렸을 때에는 '크면 해결된다, 걱정할 필요는 아무것도 없다.'라고 생각했죠."

그러나 유치원을 졸업하고 초등학교에 들어갈 무렵이 되었을 때 지적장애가 명확해졌다.

"처음 아들의 장애를 알았을 때에는 엄청난 충격과 슬픔에 빠졌어요. 그러나 매일 아이들을 돌봐야 했죠. 충격 때문에 육아를 손 놓을 수는 없었어요. '이 아이의 인생을 위해서 무엇이라도 해야 한다.'고 매일 생각했지요."

그것은 어머니로서의 결의였다.

"지적장애를 가지고 살아야 한다, 스구루가 가져온 현실은 상상을 초월했습니다. 그러나 어떻게든 힘을 내려고 했고, 어떻게 하면 좋을지 생각하면서 마음을 다잡았어요. 매일, 매월, 매년 그 순간순간 어떻게 해야 할지를 생각했죠."

그 목소리에는 그리움이 물들어 있었다.

현실을 받아들이면서 아들의 가능성을 긍정적으로 생각하고 한 걸음 한 걸음 나아갔던 나날은 생각과 고민의 연속이었다.

"아들이 장애가 있기 때문에 보통 엄마들과는 달라야 한다고 생각했죠. 보통은 성장과 함께 아이의 진로와 인생 목표를 자신이 선택할 수 있게 만들어줘야 하지만, 우리 아이는 그렇게 할 수가 없었습니다. 그래서 항상 '우리 아들에게 어떤 길을 만들어줘야 할까?'를 생각했지요."

스구루의 지적장애가 밝혀진 것은 초등학교 입학 후였다.

"스구루는 돌이 한참 지나도 걷지 못했어요. 기저귀를 떼는 것도 느렸고 말도 느렸지요. 두 살, 세 살이 돼도 말을 못 했어요. 모든 것이 보통 아이들에 비해서 느렸죠. 걱정이 돼서 병원 여기저기를 데리고 갔지만 그때마다 늦는 것만으로는 아무 문제가 되지 않는다며 걱정하지 말라고 하더군요."

신체적인 증상은 없었다. 그러나 노리코는 마음속으로 아들에게 장애가 있을지도 모른다고 생각했다.

"초등학교에 들어갈 때에도 사전면접에서 한 번 거절당했지만, 재면접 때에는 괜찮을 거라며 특수학급이 아닌 일반학급에 보냈어요."

이윽고 스구루도 개성을 나타내 보이기 시작했고 모자는 가족으로서 행복한 시간을 보냈다.

"스구루는 말이 많지는 않았지만 웃기면 웃고, 화나면 화내는 등 감정기복도 있었어요. 그리고 점점 말수도 늘어났죠. 지능발달은 늦었지만 자폐증을 앓고 있는 사람들과는 달랐습니다. 우리는 매일을 행복하게 지냈어요."

중학교 때까지는 보통 아이들과 똑같이 일반 학교에 다녔다. 그러나 노리코의 고민은 깊어져만 갔다.

"중학교에 들어갈 때가 되자 다른 아이들에 비해 모든 것이 느리다는 걸 완벽하게 알게 됐어요. 공부는 뒤처졌고 학급 생활도 할 수 없는 것이 많아졌어요. 중학교를 보낼 때에 특수학급을 고려하기도 했지만, 스구루를 위해서라면 더 많은 경험을 시켜줘야 한다고 생각했죠."

노리코는 선생님에게 "하는 데까지 해보겠습니다."라고 말하며 스구루를 일반 학교로 진학시켰다.

"특수학급과 양호학교에 가는 것은 간단하지만, 그곳에 한 번 가면 일반 학교로 되돌아오는 건 어려워요. 일반인들과 똑같은 환경으로 돌아오는 건 그리 쉬운 일이 아니에요. 그래서 '하는 데까지 해보고, 정 안 되면 그때 가자.'는 마음으로 스구루를 일반 중학교에 보냈습니다. 비록 그곳에서 따돌림을 당했지만, 그래도 졸업은 할 수 있었어요."

중학생 아이들은 장애인을 표적으로 괴롭히는 경우도 종종 있었다.

"반에서 괴롭힘을 당하는 일도 있었지만 학교를 안 가겠다고 떼를 쓴 적은 한 번도 없었어요. 이상하게도 스구루는 괴롭히는 친구들을 상대해주지 않으며 의연하게 생활했죠. 학교는 계속 나갔어요. 다만, 스구루는 항상 혼자였고 친구는 없었어요."

중학교를 졸업하자마자 또 하나의 숙제가 기다리고 있었다. 바로 고등학교 진학이었다.

역시 일반 학교로 진학하는 것은 어렵다는 생각에 노리코는 양호학교를 알아보았지만, 동시에 가능하다면 일반 고등학교를 보내고 싶은 것도 부모 마음이었다.

"스구루는 수험공부를 할 수는 없었어요. 하루 종일 공부하는 일반 고등학교는 무리겠지만, 어쩌면 정시제 고등학교*라면 가능할지도 모른다는 생각에 그곳에 지원서를 냈죠."

그것이 집 근처에 있는 도립 공예학교였다. 그 학교는 당시 학생 수가 적어서 폐교될 상황이었다.

"그 학교에 지원한 학생들은 전부 합격했습니다. 폐교를 피하기 위해서였겠지만 스구루에게는 더할 나위 없는 행운이었어요."

스구루가 고등학생이 되자 노리코는 생활비를 벌기 위해 본격적으로 일을 시작했다.

"그러나 스구루의 옆을 완전히 비울 수가 없었기 때문에 종일제 근무는 어려웠습니다."

이럴 때 가장 좋은 상담자가 되어주는 남편이 노리코에게는 없었다. 친정부모에게도 의지할 수가 없어서 대부분 스스로 판단하고 행

---

* 일반 고등학교와는 달리 '야간제'와 '주간제'가 있어서 일하면서 다니는 학생들이 많다. 보통은 4년에 걸쳐서 다닌다. —옮긴이

동해야 했던 노리코는, 공예고등학교에서 매일같이 무언가를 만들며 기뻐하는 스구루의 모습을 보고 희망을 얻었다고 한다.

"스구루는 고등학교를 다니면서 매일 즐거워했어요. 공예고등학교였기 때문에 공부만 하는 것이 아니라 그림을 그리고 물건도 만들었죠. 그 수업이 스구루에게 잘 맞았어요."

스구루는 어렸을 때부터 그림 그리기를 좋아했다. 도화지에 쓱쓱 그림을 그렸고, 그 그림으로 스구루의 마음을 엿볼 수 있었다.

"말이 없고 하고 싶은 것도 없었지만 그림은 매우 좋아했지요. 종이와 크레파스를 앞에 두면 항상 즐겁게 그림을 그렸어요. 작위적이지 않고 싫증 나지 않는 밝은 그림을요. 부모이기 때문에 혹시 이 아이에게 창작의 재능이 있지는 않은지 유심히 관찰했지요. 그런 모습을 바라보면서 스구루에게 공예고등학교가 잘 맞는다는 사실을 깨달았어요."

정시제 고등학교를 다니는 학생 중에는 중학생 때에 따돌림을 당해 일반 학교 진학을 포기한 아이들도 있었다.

"따돌림 때문에 일반 고등학교로 진학하지 않은 학생도 스구루의 반에 있었어요. 그러한 아이도, 장애가 있는 스구루도 공예고등학교에서는 모두 서로를 도우며 생활했죠. 그곳은 스구루를 괴롭히는 학생이 없는 아주 좋은 환경이었습니다. 선생님들도 따뜻하고 쾌활하고 훌륭하신 분들이었어요."

고등학생 때에는 친구도 사귀고, 그들과 같이 외출을 하기도 했던 스구루.

"그때에 행복해하던 그 얼굴을 잊을 수 없답니다. 공예고등학교에서는 조각 수업도 있었어요. 스구루는 그 수업시간에 반지를 만들어서 나에게 선물해줬답니다."

많이 미숙한 작품이었지만 아들이 집중해서 만들었을 모습에 노리코는 가슴이 벅찼다고 한다.

"물론 수업시간에 만든 공예품과 그림은 취미 수준밖에 되지 않았지만, 그것도 스구루는 매우 좋아했어요. '재밌고 즐거워.'라고 말하며 고등학교를 다녔죠. 그 덕분에 스구루도, 우리 가족들도 4년을 즐겁게 지냈습니다."

중학생 때에는 도중에 특수학급으로 편입할 생각도 했었지만, 고등학생 때는 즐거운 표정으로 학교를 다닌 아들의 얼굴만 기억에 남아 있다고 했다.

"4년 동안 결석 한 번 하지 않고 정시제 고등학교를 다녔습니다. 그래서 무난히 졸업할 수 있었죠. 스구루에게도, 나에게도 무엇과도 바꿀 수 없는 인생의 소중한 추억이에요."

스구루는 지금도 모교인 공예고등학교를 가끔 간다고 한다.

"1년에 한 번, 스구루가 다녔던 공예고등학교에서 공예제가 열려요. 지금도 우리 둘은 그 축제를 구경 가지요. 그립다고 말하면서 학생들이 전시한 작품을 둘러봐요."

행복한 고등학교 시절을 끝마친 스구루와 노리코는 마침내 취업과 마주하게 되었다. 우선은 스구루와 같이 가나가와 현 요코하마시에 있는 '가나가와 현 장애인 취업상담센터'를 찾아갔다.

"그곳에서는 면담 후 여러 가지 작업을 시켜보면서 어떤 적성이 있고 어떤 곳에 취업할 수 있을지를 찾아주죠."

그러나 거기에는 생각보다 험난한 현실이 기다리고 있었다.

"적성검사 결과, '지적장애가 있기 때문에 일반 취업은 무리입니다. 장애인 수첩을 만들면 아드님이 취업할 수 있는 곳을 찾아봐 드릴게요.'라는 말을 들었어요. 나는 마침내 올 것이 왔다고 생각했죠."

아들이 지적장애인이라는 사실을 100퍼센트 인정한 순간이었다.

"전문가의 조언대로 장애인 수첩을 신청했어요. 절차만 밟으면 수첩은 쉽게 만들 수 있어요."

스구루가 신청한 것은 치료교육 수첩이었다. 유아상담실 또는 지적장애인 상담소에서 지적장애가 있다고 판단된 경우에만 이 수첩을 만들어준다.

구분은 지자체에 따라 다르지만, 장애 정도는 1도(아주 심한 정도), 2도(심한 정도), 3도(중간 정도), 4도(가벼운 정도)로 나뉘고, IQ나 일상생활동작(신변처리, 이동, 대화 등의 능력)을 종합적으로 판단해서 인정한다.

스구루는 4도였다.

"그 수첩을 받고 스구루는 능력개발교로 갔습니다."

능력개발교란 '국립 현영 가나가와 장애인 직업능력개발교'를 말하며, 국가가 설치하고 가나가와 현이 운영하는 직업능력개발 시설이다. 장애인의 사정과 장애 정도에 따라 능력을 활용할 수 있도록 직업훈련을 시키는 곳이다.

지적장애인들은 취업을 해도 자신이 무엇을 잘하는지, 무엇을 해야 좋을지 알지 못한다. 그래서 그곳에서 실습훈련을 통해 직장에서의 태도나 작업순서를 1년 동안 배운다.

"지적장애인들도 일을 해야 한다는 마음은 가지고 있어요. 스구루도 일하고 싶다고 나에게 말했어요. 일한 월급으로 생활해야 한다는 시스템을 잘 알고 있었죠. 자신도 일반인처럼 일하고 싶다, 회사에 나가고 싶다는 마음은 아주 강했고, 주눅 드는 일 없이 면접도 적극적으로 봤어요."

스구루는 '일'에 대한 강한 의지를 몇 번이나 어머니에게 말했다. 취업 결정을 앞두고 모자는 서로 많은 대화를 나눴다고 한다.

"무슨 일을 할지, 어디에 이력서를 넣을지를 두고 우리는 대화를 많이 했어요. 스구루가 면접을 볼 때에는 나도 같이 갔지요. 정말 많은 회사를 다녔어요. 셀 수 없을 정도로요. 단체면접에도 갔었습니다. 엄청 큰 강당에 각 회사 부스가 있었고, 출퇴근 거리나 하고 싶은 일 등을 생각해서 회사를 골라 면접을 봤지요. 거기서 만난 기업 중의 하나가 일본이화학공업이었습니다."

1998년, 일본이화학공업의 면접을 본 후 스구루는 실습생으로 채용됐다. 같은 해 11월에는 정사원이 됐고, 이후 제조라인에서 기술을 익혔다.

"스구루를 채용하겠다는 말을 듣고 정말 기뻤습니다. 정말로요. 스구루는 삶의 목적을 발견했죠. 정말 고맙게 생각하고 감사하고 있어요."

나카무라 모자는 서로 많은 대화를 나눴다. 스구루가 어떻게 태어났는지, 앞으로 어떻게 살아가야 하는지 서로 대화하고 생각했다. 그 과정이 있었기에 조금씩 한발 한발 나아갈 수 있었다.

"이런저런 고민은 수없이 많았었죠. 그러나 그때마다 '하는 데까지는 해보자.'라는 생각으로 나아갔습니다. 장애인으로서 스구루는 한 걸음 한 걸음 앞으로 나아가는 느낌이었어요."

일본이화학공업에서 20년 가까이 근무한 스구루는 어머니에게 자신의 일에 대해 자세하게 말한 적은 없다.

"내가 일에 대해 시시콜콜 캐물어도 스구루는 대답하지 않았어요. 그저 웃을 뿐이었죠."

자신의 세계에서 매진하고 있었기 때문에 불안하다거나 하는 말을 할 필요가 없었다. 노리코는 그렇게 생각하고 말없이 아들을 지켜봤다.

"일에 자신감이 있는지 없는지는 알지 못해도 어쨌든 주어진 일은 잘하고 있다는 생각이 강하게 느껴졌어요. 그건 지적장애인의 특징이에요. 그들은 '열심히 하자.' '주어진 일은 끝까지 책임지자.' 하는 마음밖에 없는 사람들이죠."

산만하지 않고 흐트러짐 없는 집중력으로 키트파스의 품질을 관리하는 스구루. 일본이화학공업의 장애인 고용 노하우가 아들에게 일할 수 있는 곳을 제공해줬다고 노리코는 말했다.

"오야마 회장님, 오야마 사장님을 시작으로 직원 여러분이 우리 아들 같은 사람들에게 일할 수 있는 기회를 만들어줬습니다. 스구루의 인생이 멈추지 않고 움직일 수 있었던 것은 일본이화학공업이라는 회사가 힘을 준 덕분이죠."

개인의 특성을 파악한 후에 일자리를 준다, 직원 한 사람 한 사람이 가진 특성과 재능을 키워주는 직장을 만들고 싶다, 다카히사의 이런 생각은 노리코에게 직접적으로 전해졌다.

40대가 된 스구루가 열심히 일하는 모습은 노리코에게 큰 자랑이었다.

"스구루는 아주 열심히 일하고 있습니다. 내 아들이지만, 오랫동안 한 회사를 다니는 게 정말 대견합니다."

노리코는 스구루의 가능성을 믿었고, 그 길을 찾아주기 위해 열심히 뛰었다. 그 필사적인 어머니의 모습에 주변 사람들도 손을 내밀었다. 학교에서나 행정기관에서 여러 사람들에게 상담을 했고, 그들에게 조언을 얻을 수 있어서 다행이었다고 노리코는 회상했다.

"상담을 하러 가면 모두 최선을 다해 조언해줬어요. 나도, 스구루도 혼자가 아니라는 생각이 들었죠. 절대 차별당하거나 좌절하지 않았어요. 그분들에게 정말 감사해요."

나는 노리코에게 또다시 스구루의 과거에 대해 들을 수 있었다. 그녀는 손끝을 응시하며 조용히 말했다.

"내 아이에게 장애가 있다는 사실을 알았을 때에는 하늘이 무너지는 것처럼 충격이 컸지요. 왜 내 아이일까라는 생각에 눈물 마를 날이 없었어요. 그러나 충격에서 헤어나지 못한 채 계속 눈물을 흘렸다고 해도 현실은 바뀌지 않았을 거예요. 스구루는 계속 성장할 테니까요."

왜 장애아를 낳았는지 생각하는 시간을 노리코는 스구루의 인생을 개척하는 시간으로 바꾸었다.

"현실과 마주한 문제를 극복하기 위해 많이 생각하고, 많이 나아가고, 많은 사람들을 만났습니다. 내가 할 수 있는 일은 그것밖에 없었죠. 이혼하고 혼자서 두 아이를 키우는 나에게는 첫째가 장애인이라는 이유로 고민할 시간이 없었어요."

노리코는 한 가지 결심한 게 있었다. 그것은 스구루의 동생에게 조금이라도 부담을 주지 않겠다는 마음이었다.

"스구루의 동생은 어렸을 때부터 형을 이해하고 배려했어요. 아버지가 없는 가정에서, 일을 하고 형을 위해 분주하게 뛰어다니는 나를 보면서 자랐죠. 그렇기 때문에 둘째에게는 스구루에 대해 조금도 부담을 주지 않으려고 했어요. 자신의 인생을 설계하는 사람으로 키우고 싶었죠. 나는 스구루와 함께 살지만, 둘째는 자신의 인생을 살게 하고 싶었어요."

노리코에게는 지금이 가장 행복한 동시에 미래에 대한 불안도 갖고 있었다.

"가장 불안한 것은 내가 죽은 후입니다. 스구루가 혼자서 어떻게 살아갈지 그게 가장 걱정이죠. 스구루는 집안일은 전혀 하지 못해요. 요리도, 빨래도, 청소도 다 내가 해주죠. 최근에는 컵라면 정도만 혼자 끓여 먹을 수 있게 되었어요. 앞으로 세탁기 사용방법, 청소기 사용방법, 간단한 조리법을 가르쳐줄 생각이에요. 일본이화학공업의 직원들에게 기숙사에서 사는 사람, 아파트에서 혼자 사는 사람들이 있다고 들었어요. 스구루에게도 그렇게 자립하는 날이 올 거라고 믿어요."

노리코는 혼자 생활하는 방법에 대해 스구루와 또다시 이야기해보고 싶다고 했다.

"그것이 지금의 숙제입니다. 앞으로 5년 후, 10년 후에는 스구루도 자립할 수 있을 거예요. 게다가 스구루가 정년을 맞이한 후의 노후생활도 생각해야 하죠. 아직 먼 얘기지만, 지적장애인들이 공동생활을 하는 그룹홈은 어떨지 알아보고 있어요."

노리코와 스구루는 어떤 상황이 닥쳐와도 항상 가능성을 생각했다. 그러한 긍정적인 자세가 일본이화학공업에 없어서는 안 될 직원을 키워낸 것이다.

그 긍정적인 마음과 생각에 머리가 숙여진다고 말하자 노리코는 이렇게 대답했다.

"장애 아이를 가졌다면 누구나 나처럼 했을 거예요."

PART III

일하는 행복을 실현하기 위해서

회사가 극복한 어려움

4대에 걸친 일본이화학공업의 역사

사람이 사람을 생각하는 회사. 소소한 법칙을 쌓은 후에 장애인에게도 풍부한 생산력을 갖게 해준 회사. 일본이화학공업을 유일무이한 존재로 만들어준 것은 다른 기업에는 없는 신념이었다.

"장애인이든 비장애인이든 그 사람이 가지고 있는 힘을 마음껏 발휘할 수 있도록 만들어주고 좋은 일을 한다, 이것이 우리 회사의 신념입니다. 조금 부끄러운 이야기이지만, 장애인들과 함께 일하다 보면 초심으로 돌아가게 됩니다. 그들은 누구에게나 매우 친절하기 때문이지요. 그래서 장애인 직원들과 같이 일하면 나도 자연스럽게 친절해집니다. 그들은 그런 존재입니다. 게다가 삶과 일, 기쁨과 슬픔이라는 인간의 본질에 대해서 깨우쳐주기도 합니다. 장애인 직원들은 감사할 수밖에 없는 존재이지요."

장애인, 비장애인이라는 틀뿐만 아니라 세대나 성별까지, 지금껏 쓰고 있던 색안경을 벗고 사람을 볼 수 있게 되었다고 말하는 사장의 표정은 절대 오만하지 않았다. 거기에는 단지 강한 의지만이 느껴졌다.

"상품 생산은 매우 훌륭한 작업입니다. 그것을 사내에 전하려고 노력하고 있습니다. 일본이화학공업이라는 브랜드와 그 품질에 대한 자부심 그리고 우리 제품을 사용하는 모든 사람들이 기쁨을 느끼고 있다는 사실은 직원들에게 있어서 최대의 행복으로 이어지기 때문입니다."

시원하고 상쾌한 공기를 내뿜는 듯한 사장의 표정이 기업의 건강함과 힘을 말해주고 있었다. 앞으로 일본이화학공업이 걸어가야 할 길을 이야기하는 다카히사의 표정은 온화하고도 강직했다.

"시대의 변화와 함께 회사도 바뀌어야 합니다. 그러나 절대 바뀌지 말아야 하는 것도 있지요. 그것은 '일하는 행복'과 그 '실현'입니다."

일본이화학공업은 크게 3기로 나뉜다.

제1기는 분필 제조와 회사 창설의 시대다. 초대 사장인 오야마 요조는 전쟁 전후의 격동 속에서 회사의 밑거름을 만들고 분필 제조의 기틀을 다졌다. 제2기는 지적장애인 고용과 키트파스 제작 · 제조의 시대다. 요조의 아내인 하나가 2대 사장을 역임한 후에 3대 사장이 된 야스히로는 비장애인과 똑같이 일할 기회가 전혀 없었던 지적장애인에게 적재적소의 일을 주었고, 그들에게 일하는 기쁨과 타인에게 도움이 된다는 커다란 감동을 안겨줬다. 그리고 제3기는 4대 사장인 다카히사가 '자신의 사명'이라고 말하며 추진한 키트파스 영업 개발의 시대다.

현재는 더스트리스 초크의 점유율 확대와 함께 자사의 오리지널 상품인 키트파스를 주력상품으로 내세우며 국내외로 시장을 넓히고 있다.

매일 현장에 나와 분필 제조와 키트파스 제조를 지켜보면서 다카히사는 일본이화학공업의 미래를 생각했다. 자사 상품에 대한 긍지, 경영이념, 오리지널 상품의 개발, 사업 확대에 대한 야망 등 생각해야 할 것은 무수히 많았다. 그러나 점진적인 실적 향상은 결코 쉽게 이루어지지 않았다. 학교에서 사용되는 분필은 그 신뢰를 유지해야만 했고, 장애인 고용을 토대로 개발된 키트파스는 어린이와 부모, 성인들과 전 세계 사람들의 마음을 사로잡는 매력적인 상품이어야만 했다.

매일 그러한 생각을 되새기는 다카히사는 이따금 할아버지가 일으키고 아버지가 쌓아 올린 회사의 발자취를 되돌아본다고 한다.

"고난의 연속이었지만, 다른 길은 생각해본 적이 없습니다."

다카히사는 회사의 역사와 고난의 시간에 대해 말해주었다.

"우선 창업자인 할아버지는 도쿄 도 오타 구에 일본이화학공업을 만들고 더스트리스 초크라는 몸에 안전한 분필을 탄생시킨 것에 대한 자부심이 대단하셨습니다. 그리고 일본 최초의 탄산칼륨제 분필 제조와 그 판매를 할아버지가 실현하셨습니다."

'더스트리스 초크'는 1958년에 상표등록을 했고, 이후 분필을 사용하는 업계에서 표준이 됐다. 그리고 요조에게서 회사를 이어받은 야스히로는 1960년에 지적장애인 고용을 시작했고, 그 계기로 일본제의 우수한 분필이 지적장애인의 손에 의해 만들어지게 되었다.

지적장애인 고용은 1975년 일본 최초의 '심신장애인 다수고용 모델공장' 개설로 이어졌다. 장애인도 생산 담당자가 될 수 있다, 장애인도 회사경영의 선두 노동자가 될 수 있다, 이러한 사실을 보여주기 위해 신설된 가와사키 공장은 분필뿐만 아니라 다른 사업분야에도 손을 뻗었다.

"심신장애인 다수고용 모델공장 1호가 된 가와사키 공장에서는 지적장애인을 많이 고용하기 위해 하청사업을 시작했습니다. 판매도 늘어났고 직원들의 우수한 기술도 인정받아 일본이화학공업의 사업은 크게 발전했지요. 그러나 아버지의 생각과는 달리 국내 정세의 영향으로 결국 적자가 발생했습니다."

시대의 변화와 함께 분필 시장은 달라지기 시작했다.

"1980년대부터 시작된 저출산의 영향은 막을 수가 없었지요. 1989년에 들어와서는 분필을 사용하는 학교도 줄어들었습니다. 기업은 더 이상 칠판이 아닌 화이트보드를 쓰기 시작했고, 디지털 시대로 들어서면서 전자보드나 컴퓨터와 연동되는 프로젝터도 많이 보급됐지요. 사람들은 더 이상 분필을 쓰지 않게 되었습니다."

당시 오야마 야스히로 사장은 경영자로서 사업을 재검토할 수밖에 없었다.

"아버지는 하청사업을 그만두기로 결정했습니다. 그리고 회사를 다시 살리기 위해 신규사업을 생각해야만 했지요. 그것이 바로 키트파스의 상품화와 시장유통이었습니다."

자사의 오리지널 제품을 상품화하기 위해 가와사키 시에 '산학연계'*를 신청했다. 그러나 키트파스의 개발은 쉽게 완성되지 않았다. 키트파스를 완성하기 위한 시행착오가 무려 20년 동안이나 계속됐다.

다카히사가 4대 사장이 된 이듬해부터 희망이 보이기 시작했다. 키트파스는 2009년에 'ISOT(도쿄 국제문구박람회) 2009 일본문구대상 기능부분 그랑프리'를 수상했다.

일본이화학공업의 4대 사장이 된 다카히사는 21세기 사업가로서 회사를 이끌기 위해 발상을 전환하고 개혁을 실시했다.

"사업을 크게 전환시키려면 설비와 인원을 바꿔야만 하지요. 그러나 나는 더스트리스 초크에서 구상을 얻었습니다. 설비와 인원을 그대로 둔 상태로 우리 공장에서 생산할 수 있는 제품을 개발하기 시작했죠. 그것은 바로 바람에 날려 입과 눈에 가루가 들어와도 걱정이 없는 '더스트리스 라인 파우더'와 아버지가 오랜 기간 끝에 탄생시킨 '키트파스'였습니다. 또한 더스트리스 초크는 화단 비료로 재사용하자고 제안했습니다."

저출산의 영향으로 국내 수요가 줄어들자 다카히사는 적극적으로 해외 판매를 늘렸다.

"2016년 8월 뉴욕의 재비츠 전시회장에서 개최된 미국 최대 기프트 박람회 'NY NOW'에서 더스트리스 초크가 '지속가능성: 좋은 세계를 만드는 디자인 상(SustainAbility: design for a better world)'으로 선정됐습니다. 또한 같은 해 9월 11일에는 유럽 최대 인테리어 디자인

---

* 신기술 연구개발을 위해 민간기업이 교육기관이나 연구기관과 관계를 맺는 것. —옮긴이

박람회 '메종 오브제 2016년 9월전(MAISON & OBJET 2016 파리 프랑스)'에도 출전해서 큰 반향을 불러일으켰지요."

다카하시는 지금 탄탄한 경영을 목표로 해외 시장에 눈을 돌리고 있다.

"솔직히 말해서, 우리 회사의 상품을 서둘러 해외에 판매할 상황은 아니었습니다. 국내의 분필 소비량이 감소해서 이대로는 안 되었기에 궁지에 몰리다시피 짠 해외 전략이었습니다."

'일하는 행복'은 사업이 계속돼야만 실현시킬 수 있다. 다카하시는 이렇게 말했다.

"회사가 무너져버리면 일하는 행복을 느낄 곳도 사라지게 되지요. 내 대에서 회사가 무너지면 아버지가 걸어온 길도 모두 사라져버리게 됩니다. 모든 노력을 다해서 사업 안정과 일하는 행복을 실현시키고 싶었습니다."

고개를 들고 미래를 향해 나아가고 있는 사장에게 나는 과거를 물어보았다. 창업자의 손자이자 당시 사장의 장남이었던 다카하시는 일본이화학공업이라는 회사를, 또 지적장애인 고용을 어떻게 생각했을까.

그는 시선을 아래로 향했다.

"내가 후계자가 될 거라고는 생각하지 않았습니다."

4대 사장
오야마 다카히사의 도전

오야마의 자택은 공장 옆에 있었다. 그 덕분에 다카히사는 어렸을 때부터 지적장애인이 일하는 모습을 보며 자랐다.

"어렸을 때에는 사람들에게 '여기가 우리 회사야.'라고 자랑하며 다녔습니다. 회사에 다니는 형이나 누나들이 종종 나와 놀아주기는 했지만, 그때는 너무 어려서 이런저런 경위나 그들이 지적장애인이라는 사실은 전혀 알지 못했어요."

일본이화학공업의 3대 사장인 아버지 야스히로는 아들 다카히사에게 회사에 대해 자세히 설명한 적이 거의 없었다.

"부모님에게 자세한 이야기를 들은 적은 없었지요. 그것보다 회사와 공장이 집 옆에 있었기 때문에 모든 것을 자연스럽게 이해할 수 있었습니다."

다카히사는 자신이 걸어온 길을 조용히 말하기 시작했다.

다카히사는 삼남매다. 현재 오야마 야스히로 회장의 비서인 오야마 마리가 장녀다. 그 아래 차녀가 있고, 다카히사가 오야마 집안의 막내로 태어났다.

다카히사는 막내였지만 오야마 집안의 하나밖에 없는 아들이었기에 가슴속에 늘 장남이라는 의식을 가지고 있었다. 그러나 아버지는 다카히사에게 가업에 대해 말한 적은 일절 없었으며, 늘 아들이 하고 싶다고 말하는 것을 지원해주었다.

"아버지는 나에게 후계자가 되라고 하신 적은 한 번도 없었습니다. 어머니는 가끔씩 가업을 이어받으라고 했지만, 그건 의무도 약속도 아니었습니다. 나는 어렸을 때부터 좋아하는 것을 하면서 지냈고, 언젠가 내가 사장이 될 거라고는 조금도 생각하지 않았어요."

열세 살 무렵, 아버지와 회사와 그리고 자신의 인생에 대해서 진지하게 생각해야 할 계기가 생겼다.

"내가 중학교 2학년 때 아버지가 직장암에 걸렸습니다. 암도 많이 진행됐고, 꽤 심각한 상황이었죠. 그때 '어쩌면 아버지는 다시 일어날 수 없을지도 모른다.'고 어머니가 말씀하셨습니다. 사장인 아버지가 돌아가실지도 모른다, 그 말을 들은 나는 고등학교에 진학하지 않겠다고 결심했습니다. 중학교를 졸업하면 곧바로 일을 시작하겠다고 생각했죠."

다카히사는 그때 자신의 처지를 다시 떠올렸다.

"아버지가 치료되길 바랐습니다. 그러나 위기의 순간이 닥치면 회사는 어떻게든 내가 이어가야겠다고 생각했습니다."

사장은 아버지였지만, 아버지의 남동생인 작은아버지는 이사직을 맡고 있었다. 일본이화학공업은 가족이 운영하는 회사였기 때문에 다카히사는 자신이 아니어도 누군가가 회사를 이어받을 거라고

막연하게 생각해왔다. 그러나 아버지의 직장암 발병을 계기로 그는 처음으로 '사장이 될 사람은 나밖에 없다.'는 생각을 갖게 됐다.

그러나 아버지의 회복과 함께 그런 생각도 흐지부지 사라졌다.

"그 후 아버지의 수술과 치료가 성공적으로 끝났고 놀라운 회복력으로 직장암이 완치됐습니다. 복귀에 대한 강한 의지가 아버지의 건강을 되찾아 준 거겠죠. 나는 아버지가 돌아가실지도 모른다는 불안감에서 벗어났고, 단숨에 경영자에 대한 의식은 멀어졌습니다. 무엇보다 아버지가 '회사에 들어와라.'라고 말씀하지 않으셨기 때문에 회사에 내가 필요하다는 생각은 하지 않았습니다. 고등학생 때에도, 대학생 때에도 아버지는 내가 하고 싶은 것은 다 할 수 있게 해주셨어요. 학비나 용돈은 걱정할 필요가 없었지요. 나는 근심 없는, 정말 축복받은 환경에서 자랐습니다."

다키히사는 대학을 졸업한 후 원하던 광고 회사에 취직했다. 그리고 마케팅을 공부하기 위해 외국으로 유학을 떠났다.

"미국을 매우 동경했기 때문에 그곳에 있는 대학원으로 유학을 갔습니다. 대학원을 졸업한 후에는 광고 업계의 새로운 무대에서 일하고 싶었지요. 당시에는 나름대로 인생의 설계도를 그리고 있었습니다."

그 설계도에 아버지의 회사인 일본이화학공업은 없었다.

"대학원 졸업을 3~4개월 앞둔 어느 날이었습니다. 때마침 여름 방학이었지요. 아버지가 잠시 귀국하라고 연락을 하셨어요. 연락을 받고 일본으로 돌아왔더니, 아버지가 귀국해서 회사를 맡으라고 말씀하셨죠."

그 순간 다카히사의 인생 설계도는 다시 그려졌다.

"지금 생각해도 이상하지만, 아버지께서 그렇게 말씀하신 순간 '네, 알겠습니다.'라고 바로 대답했어요. 고심 끝에 그린 내 꿈은 안개처럼 사라져버렸죠. 그러나 절망감이나 패배감은 없었습니다. 그저 아버지의 말씀을 따를 뿐이었습니다."

가슴 깊숙한 곳에 자신이 정한 다른 길이 있었는데도 불구하고 다카히사는 왜 그런 결정을 내렸을까? 나는 다카히사에게 왜 아버지의 말씀을 그대로 따랐는지 물었다. 잠시 생각에 잠긴 뒤 그는 이렇게 말했다.

"가족이라는 것을 의식하고 있었기 때문입니다."

다카히사는 귀국 1년 전에 결혼을 했다.

"사실 회사를 이어받기 1년 전에 결혼을 했습니다. 미국에 있는 교회에서 식을 올렸죠. 아버지, 어머니, 누나, 친척들이 직접 미국에 와서 내 결혼을 축하해줬습니다. 그때 처음으로 가족이 있다는 걸 강하게 의식했습니다. 떨어져서 지내보니, 또 결혼을 해보니 가족이 힘이 된다는 걸 깨달았습니다. 그런 이유에서 아버지와 회사에 무슨 일이 생기면 내가 당연히 도와야 한다고 생각했던 것 같습니다. 만약 결혼을 하지 않았다면 그 자리에서 '네.'라고 대답하지는 않았을 겁니다."

할아버지, 할머니, 아버지, 작은아버지, 누나. 가족이 경영하는 회사에 나도 힘을 보태고 싶다, 사랑하는 사람을 아내로 맞이한 다카히사는 지금까지와는 달리 가족을 의식하는 마음이 강하게 자리 잡혀 있었다.

예기치 못했던 아버지의 제안에 '가족'이라는 끈끈한 유대감을 느끼고 있던 다카히사는 아버지가 걸어온 길을 순순히 받아들였다.

"살면서 처음으로 내려진 아버지의 지시에 어떤 갈등도 느끼지 않았습니다."

귀국하고 회사에 들어오라는 제안을 받아들인 아들에게 아버지는 그 자세한 이유도, 자신이 가진 생각도, 일에 대해서도 별다른 말을 하지 않았다.

"아버지는 대충 내막을 설명하면서 내 도움이 필요하다고 말씀하셨지만, 사업방침과 아버지의 경영이념에 대해서는 자세하게 얘기하지 않으셨어요."

귀국한 다카히사의 가슴에는 가족과 함께 일한다는 사실만 새겨져 있었다.

1996년, 다카히사는 미국에서 돌아와 일본이화학공업의 경영에 가담했다. 두말할 것도 없이, 분필 업계가 절박하다는 것을 알고 있었기 때문이다. 아버지가 경영해온 회사가 평온한 상황이 아니라는 것, 미래가 불안하다는 것을 다카히사는 알고 있었다.

"솔직히 회사의 미래만 생각했습니다. 장애와는 상관없이 열심히 일해주는 모든 직원들을 떠올리며 회사의 앞날에 대해서 고심했지요. 비장애인 고용을 늘리고 합리화해서 공장을 더욱 현대적으로 만들어야 한다고 생각했습니다. 사실 회의할 때 이런 내 의견을 말한 적이 있었습니다. 사장인 아버지뿐만 아니라 직원들 앞에서도 말했었죠."

그러나 사장인 아버지도, 이사인 작은아버지도, 직원으로 근무하는 누나도, 그리고 장애인을 지지하는 직원들도 다카히사의 발언에 동조하지 않았다.

"지금까지 이어온 경영방침을 쉽게 바꿀 수 없는 것이 당연했습니다. 오래 근무한 장애인 직원들을 책임지는 것도 중요하니까요. 그러나 미래의 경영불안을 없애기 위해서는 현재를 바꿔야만 한다고 생각했습니다. 나는 그렇게 하기 위해 미국에서 돌아온 것이었기 때문에 싸늘한 주변의 반응에 조바심을 느꼈지요."

그 후 다카히사는 장애인 고용 축소와 합리화 그리고 현대화를 외친 자신의 생각이 얼마나 어리석었는지를 깨닫고 부끄러움에 사로잡혔지만, 당시는 그것이 자신의 역할이라고 믿었다.

장애인 고용의 이상과 현실

일본이화학공업은 분필 제조 이외에 파이어니어 비디오카세트 하청사업(비디오카세트 나사 고정)과 옷걸이 재활용 사업에도 힘을 쏟았다. 비디오카세트 사업이 쇠퇴한 후 신규사업으로 옷걸이 재활용 사업을 시작한 지 2년이 지났을 때 다카히사는 회사에 입사했다.

다카히사는 20세기부터 이어져온 일본이화학공업의 사업 변천 과정에 대해서 말해주었다.

"우리 회사는 1960년대부터 분필 제조뿐만 아니라 다른 사업에서도 이익을 창출했습니다. 아버지는 장애인들이 능력을 발휘할 수 있는 일을 그들에게 찾아주고 싶어 하셨습니다. 그래서 그때마다 환경을 바꿔가며 대기업 하청작업을 도급받았지요."

1970년대에는 O링(단면이 원형고리 형태로 된 기계부품) 제조로 높은 판매실적을 올렸다. 압축기는 장애인용으로 개량한 것을 사용했다. 그 덕분에 정밀함과 세밀함은 업계에서 최고 수준이었다. 통상 O링 불량률은 12퍼센트였지만, 일본이화학공업에서는 그 수치가 8퍼센트를 밑돌았다.

"이익 향상은 물론이고, 아버지는 장애인들이 능력을 발휘했다는 것에 크게 기뻐하셨습니다."

오야마 회장에게는 장애인이 가진 가능성을 사회에 보여주고 싶다는 생각이 뿌리 깊게 박혀 있었다. 장애인들도 기술을 습득할 수 있고, 고도의 생산이 가능하다고 믿었기 때문이다.

O링과 더불어 새로 시작된 비디오카세트 사업은 분필 제조 사업과 대등한 이익을 올렸다.

"1975년 9월 가와사키에 공장이 신설됐을 때에는 이 비디오카세트가 주력사업이었습니다. 각 가정에 비디오 기기가 보급됐기 때문에 비디오카세트의 수요가 급증한 시대였지요. 파이어니어사로부터 지급받은 금액은 연간 2억 4천만 엔 정도였습니다. 본업인 분필의 매출을 뛰어넘은 시기도 있었습니다."

그러나 1980년대에 들어와 비디오카세트 사업의 매출은 3분의 1 수준인 8천만 엔으로 떨어졌고, 이윽고 소멸에 이르게 됐다.

적자를 지게 된 일본이화학공업은 할아버지 요조가 유산으로 남긴 땅을 처분해 적자를 보전했다.

"비디오카세트 사업을 담당한 직원들을 해고하지 않기 위해서는 새로운 사업이 절실했습니다. 그때 거래처가 아버지에게 양판점의 옷걸이를 재활용하는 사업을 제안했지요."

그러나 옷걸이 재활용 사업도 O링이나 비디오카세트와 마찬가지였다. 발주처의 경영과 사업계획에 늘 좌우되는 사업이었다.

"내가 입사할 당시에는 때마침 옷걸이 재활용이 늘어나는 시기였기 때문에 그걸로 어떻게든 경영을 유지할 수 있었어요. 누나인 마리가 현장을 담당하면서 직원들과 같이 작업을 했습니다. 그러나 그것도 오래 지속될 수 없는 사업이라는 걸 우리는 알고 있었습니다. 즉, 일본이화학공업은 경영의 절반 정도를 다른 기업에게 하청받고 있었기에 어쩔 수 없는 상황이었습니다. 그 한계가 서서히 눈앞에 보이기 시작했지요."

다카히사는 귀국 후 사내의 상황을 둘러보면서 자신이 돌아온 이유를 되새겼다.

"첫 번째 목표는 하청에서 벗어나는 것이었습니다. 두 번째 목표는 직원들의 나이에 맞춰 작업능력에 변화를 주고, 장애인 고용을 지속하기 위해 차세대로 연결되는 사업을 개발하는 것이었습니다."

옷걸이 재활용 사업 당시 아버지의 후계자로서 경영방침에 괴로워하며 고군분투하던 이는 다카히사였지만, 회사의 고비를 피부로 절실히 느꼈던 사람은 아버지와 함께 사업에 임한 누나 마리였다.

마리는 그 시기를 이렇게 회상했다.

"플라스틱 성형 사업이 감소된 뒤에 옷걸이 재활용 사업을 시작했습니다. 그 사업은 골판지를 사용하는 작업이었기에 일도 쉽고 금방 배울 수 있어서 처음에는 이익률이 매우 좋았어요."

그러나 3년째 무렵부터 상황은 바뀌기 시작했다.

"취급하는 옷걸이 수가 늘어나자 공장 자리가 비좁아지기 시작했어요. 새 창고를 지어야 할 정도였지요. 게다가 옷걸이는 몇 번 사용하면 불량품이 증가해 뒤처리나 쓰레기를 처분해야 하는 작업도 늘어났어요. 재활용할 수 없는 폐기물은 이익이 나지 않지요. 그래서 모든 직원이 최저임금 이상을 받는 우리 회사는 재정적으로 힘든 상황에 빠졌습니다."

하청사업은 기쁨과 근심을 번갈아 안겨주었다고 마리는 말했다.

"파이어니어 비디오카세트 사업의 경우 좋을 때는 2억 엔 이상의 판매를 올렸지만 그것도 단숨에 줄어들었습니다. 옷걸이 재활용 사업도 똑같은 운명을 겪었죠."

옷걸이 재활용 사업을 시작한 것은 마리였다.

"그것은 직원의 고령화 문제가 수면 위로 떠올랐기 때문입니다."

고령자 문제는 '심신장애인 다수고용 모델공장 1호'를 개설하면서부터 이미 예정된 일이라 할 수 있었다.

"모델공장을 개설할 때에 열 명 이상의 중증 지적장애인을 새로 고용했지만, 그 직원들의 나이가 마흔이 넘어가자 노화나 질병 등으로 작업능력이 떨어졌지요. 분필 제조라인은 속도가 느린 사람에게 맞추면 생산성이 떨어지기 때문에 라인을 젊게 만들어야만 했어요. 분필 생산이 감소하면 회사경영에 악영향을 미치기 때문입니다."

야스히로는 마흔이 넘어 작업능력이 저하된 직원에게도 일을 주고 싶어 했다. 그런 이유로 그들을 계속 고용하기 위해 신사업 도입을 결단했다.

"그래서 옷걸이 재활용 사업을 시작했고, 분필 제조라인에 있을 수 없게 된 직원을 다시 훈련시켜 고용을 지속했습니다."

옷걸이 재활용 사업은 고용을 유지하기 위한 수단이었지만, 이익은 고용자의 임금에 미치지 못해서 사실 일본이화학공업은 경영압

박을 받고 있었다.

모델공장으로서 장애인을 고용한 일본이화학공업에서 해고는 허락되지 않았다. 늙고 병들어 몸 상태가 좋지 않은 장애인들이 늘어나기 시작하면서 마리는 직원들의 미래를 생각하는 역할까지 맡게 됐다.

"그들은 더 이상 출근조차 어려운 상황이었지만, 그래도 매일 회사에 나와주었어요. 그들을 절대 해고할 수 없었기에 본인과 가족 그리고 회사가 이해할 수 있는 모습으로 제2의 인생을 살게 해주고 싶었습니다. 나는 직원 본인 그리고 그 가족들과 상담하면서 지역 작업장으로 이직할 수 있게 도와줬죠."

물론 개중에는 자신의 터전인 일본이화학공업을 떠나고 싶지 않다며 저항하는 직원도 있었다. 마리는 그런 사람들과는 1~2년 시간을 갖고 자주 대화하면서 장애인과 그 가족이 안심하고 생활할 수 있는 곳을 계속해서 알아봐 주었다.

"다른 작업장으로 간 사람들의 이야기를 종종 들을 수 있었어요. 일본이화학공업에서 쌓은 경험을 바탕으로 그곳에서도 가장 일을 잘하고 존경받는 인재가 되었다는 소식을 들었을 때에는 정말 기뻤습니다. 다른 공장에서 열심히 제2의 인생을 보내고 있는 그들의 모습을 보고 아버지도 나도 가슴을 쓸어내렸지요."

마리는 일본이화학공업을 퇴사했다. 2004년, 그녀가 마흔 살이 되던 때였다.

"아직 이런저런 제도가 마련되어 있지 않은 상황에서 장애인을 고용했던 터라, 직원들의 인생을 오롯이 책임져야만 했던 시대였습니다. 옷걸이 재활용 사업의 철수와 직원 수십 명의 이직을 끝으로 나는 일본이화학공업에서 '졸업'하기로 결심했습니다. 남동생이 반대하기도 했지만, 나는 여기까지가 나의 한계라는 걸 깨달았습니다."

경영위기 속에서 느낀 초조함과 갈등

몇 가지 숙제를 해결해야만 했던 변혁기. 다카히사는 일본이화학공업의 본업인 분필 제조의 방향을 바꾸는 것이 급선무라고 생각했다.

"입사 당시는 상품기획부에 소속된 동시에 경리와 총무를 담당해야 했습니다. 그러나 회사의 여러 가지 상황을 알고 난 후에는 영업도 해야 된다는 생각에 '영업을 하게 해주십시오.'라고 먼저 말했지요. 그 후 줄곧 영업부의 일원으로 전국을 돌아다녔습니다."

다카히사는 어떻게 하면 분필을 많이 팔 수 있을지만 생각했다.

"실제로 분필 수요는 내리막길이었어요. 그러나 그 속에서 어떻게 점유율을 높일지, 매일 그 생각만 했습니다."

분필에는 학교라는 고정 시장이 있다. 언뜻 보기에 고정된 시장이 있으면 매우 안정적이라는 느낌이 들지만, 사실은 안정과는 거리가 멀었다.

"내가 경리와 총무를 맡고 있어서 결산 상황을 잘 알 수 있었어요. 총이익이 막대하게 나오는 회사가 아니었기 때문에 어떤 곳에 얼마의 비용이 나가는지 쉽게 파악할 수 있었습니다. 그래서 분필 시장이 점점 좁아지고 있다는 사실도 알 수 있었지요."

초조함을 내보이는 아들에 비해 당시 사장이었던 야스히로는 태연한 태도를 무너트리지 않았다.

"아버지는 나에게 '분필은 아직 괜찮다.'라고 말씀하셨습니다. 어디에서 그런 자신감이 나오는 건지 항상 의아했지요. 어떤 근거로 괜찮다고 하시는 건지 이해할 수 없어서 혼자 겉돌기만 했습니다."

실제로 분필 판매는 제로가 될 수 없다. 그 수가 줄어들어도 학교가 있는 한 때가 되면 주문이 들어온다.

"극단적인 이야기로, 분필은 영업을 하지 않아도 주문은 들어오기 때문에 그럭저럭 매출을 유지할 수는 있지요. 그러나 나는 열심히만 하면 판매량을 늘릴 수 있을 거라고 생각했습니다."

영업에 대한 의욕은 위기감의 방증이었다.

"화이트보드가 활성화된 시대였기 때문에, 과장이 아니라 우리 회사는 생사의 위기에 빠진 것이나 다름없었습니다."

다카히사는 중요한 점 몇 가지를 노트에 적었다.

- 보다 품질이 좋은 분필을 만든다.
- 생산성을 높인다.
- 생산라인을 현대화한다.
- 영업으로 점유율을 확대한다.
- 신제품을 제조하고 판매한다.

이 항목을 수시로 보며 계획을 짜고 경영전략을 세우던 그는 일본이화학공업이 사회적 사명으로 받아들인 '중증 지적장애인 고용'이 뜻밖의 장벽이라는 생각이 들기 시작했다.

"비장애인 직원을 늘리면 다양한 의미에서 생산성도 높일 수 있지요. 제조라인을 컴퓨터로 관리하는 등 그러한 개선도 필요하다고 생각했고, 영업과 상품개발의 인재도 더 많이 필요하다고 여겼습니다. 그래서 회의할 때 '비장애인을 고용하고 사업계획을 다시 짜고 싶다.'라고 말했지요."

회사를 안정된 성장으로 이끌기 위해서는 비장애인을 적극적으로 고용해야만 한다고 강조한 다카히사. 그러나 그것은 아버지인 야스히로가 만든 일본이화학공업의 사풍과는 반대되는 의견이었다.

지속적으로 장애인을 고용하고 정년까지 근무할 수 있는 환경과 방침을 쌓아 올린 아버지와, 자신이 하고 싶은 일을 하다가 미국에서 귀국하여 위기감에 휩싸인 아들.

이 두 사람이 언쟁을 높인 적은 없지만, 의견은 평행선을 유지했다.

다카히사는 아버지에게 직접 자신의 생각을 말한 적도 있었다.

"이를테면 분필 제조현장도 장애인 직원뿐만 아니라 조금 더 건강한 직원이 들어와서 원만하게 작업을 하는 편이 좋지 않을까, 그러면 조금 더 다양한 발전을 생각할 수 있지 않을까, 이러한 것을 아버지에게 말씀드렸죠. 장애인 고용을 부정하는 건 아니었습니다. 그러나 이대로 아무 손도 쓰지 않고 지켜볼 수는 없었어요. 회사는 자선단체가 아니라는 의식을 가지고 있었고 '기업이라면 이렇게 해야 한다.'라는 이상도 있었습니다. 그래서 회사의 방침 전환을 강하게 주장했죠."

그런 다카히사의 모습을 사장인 아버지는 조용히 지켜보았다.

"내 생각을 딱 잘라 부정하신 적도 없지만 단 한 번 찬성하신 적도 없었습니다. 계속해서 '분필은 괜찮다.'라고만 말씀하셨지요. 밖에 나가 영업을 해도 일본이화학공업의 점유율이 폭발적으로 늘어나지는 않았습니다. 어디가 괜찮다는 건지 정말 답답하기만 했어요."

미국에서 귀국해 필사적으로 회사의 안정된 경영을 외친 다카히사는 왜 아무도 자신의 의견에 찬성하지 않는지 조금은 억울하게 생각했다.

누나인 마리는 직원들과 함께 묵묵히 방대한 옷걸이 재활용 작업을 계속하고 있었다.

개발부문의 책임자인 작은아버지 오야마 아키라는 다카히사에게 "이 회사가 소중한 이유가 있어."라고 한 번 말하며 어깨를 두드릴 뿐이었다.

분필 제조라인 관리를 담당하는 스즈키 노부오 부장은 이상을 말하는 다카히사를 부정하지 않고, "그런 생각을 가진 것은 좋아. 그러나 그것을 잘 검토한 후에 다른 사람에게 결정을 맡겨야 해. 그래야 그것이 꿈과 목표로 이어질 수 있는 거야."라며 응원해주었다.

회사를 위해 일하는 모든 사람이 지금의 흐름을 바꾸려 하지 않았다. 다카히사의 가슴속에서는 초조함과 '왜?'라는 의문이 합쳐져 소용돌이쳤다.

일을 통해 싹튼 감사와 감동

왜 모두 나의 의견에 찬성하지 않고 행동을 하지 않을까? 이대로 있으면 회사는 약해지고 소멸될지도 모르는데.

회사의 생각을 이해할 수 없어 분노로 가득 찼던 다카히사는 머지않아 자기 생각을 바꾸게 되었다. 굳게 닫혔던 마음이 조금씩 열리기 시작하면서 장애인 고용이라는 전통을 소홀히 하면 회사가 존재하는 의미도 잃게 된다는 사실을 깨닫게 되었다.

그는 변하고 있었다.

"회사가 몰두해왔던 것, 그 길을 나는 완전히 간과하고 있었습니다. 그것이 일본이화학공업에 있어서 얼마나 소중한 것인지 전혀 깨닫지 못하고 있었지요."

아버지도, 작은아버지도, 누나도, 오랫동안 일해온 직원들도 바꿀 수 없는 흐름이 있었다. 그것은 바로 일하는 기쁨이었다. 공장에서 일하는 직원들에게 받은 기쁨은 격앙되었던 다카히사의 마음도 조금씩 누그러트렸다.

"나는 아무것도 몰랐습니다. 어렸을 때부터 장애인과 함께 생활했는데도 불구하고 회사와 직원들이 만들어낸 일본이화학공업의 역사와 전통 그리고 그들이 여기에 있는 이유를 전혀 보지 못했지요. 단순히 다른 회사를 평가기준으로 삼고 '우리는 이러한 것이 약하다.' '21세기 기업은 이렇게 해야만 한다.'라며 수치적인 이상만을 좇았던 겁니다."

경영과 이윤만을 추구하다 보면 무엇이 맞는지, 무엇이 틀린지 항상 선택에 쫓기게 된다. 그리고 경영자가 올바른 선택을 하지 않으면 그 기업은 무너져버린다.

그러나 일본이화학공업은 자본주의 속에서 회사를 경영하면서도 다른 회사에는 없는 철학을 가지고 있었다.

"우리 회사는 일하는 것을 체념해야 했던 사람들에게 그 기회를 제공했고, 일하는 즐거움과 기쁨을 알려주기 위해 계속해서 달려왔습니다. 솔직히 이보다 존경스러운 것은 없다고 다시 생각하게 됐습니다."

다카히사는 회사를 위해서는 이익을 추구해야 한다며 불안해했었다. 그러나 그는 이윤 추구와는 상반되는 장애인 고용이라는 회사 방침을 곧 자랑스럽게 생각하게 되었다.

변화만을 강조하던 다카히사는 스스로 마음의 타협점을 찾고 회사의 방침을 100퍼센트 유지하자고 결심했다. 다카히사가 장애인 고용의 의미를 깨달은 계기는 무엇이었을까?

"그렇게 결심한 명확한 계기는 없습니다. 그러나 1년이 지나자 마음이 차분해졌고, 아버지가 만든 큰 강과 같은 흐름이 얼마나 소중하고 감사한 것인지 알게 됐습니다. 이를테면 직원들과 여행을 가거나, 옷걸이 재활용과 분필 제조라인을 도우면서 직원 한 사람 한 사람을 만날 기회가 생겼지요. 그때 매 순간 열심히 일하는 그들의 모습에 저절로 눈물이 흘러내렸습니다. 경영자와 직원이라는 위치가 아니라 같은 회사 동료라는 사실을 강하게 느꼈지요."

다카히사는 각각의 직원을 지적장애인이라는 틀에 한 데 묶어 생각한 자신을 반성했다.

"장애인 직원들과 깊이 있는 대화를 나누는 것은 어렵습니다. 그러나 다른 직원에게 '이 사람은 이런 사람입니다.'라며 성격과 일하는 방식을 들으면 그 사람의 이름과 얼굴 그리고 개별성을 기억할 수 있게 됩니다. 실제로 직장에서 인사를 주고받고 가끔씩 대화를 해보면 모두가 지금을 열심히 살아가고 있다는 것을 알게 되고, 우리 회사의 소중한 노동력과 직장을 통해서 얻은 자부심에 감사한 마음이 생기지요. 그러한 상황이 조금씩 늘어나면서 나는 마음을 다잡을 수 있었습니다. 내 사명은 직원들에게 일하는 기쁨을 안겨주는 것이었습니다."

경영자로서 개혁의 꿈을 접은 다카히사는 현장에서 직원들과 같이 시간을 보내면서 작은 감동을 쌓게 됐다.

"현장에 있으면 그들의 장인정신을 엿볼 수 있습니다. '이 사람은 이런 걸 잘한다.' '나는 절대 이런 작업을 할 수 없다.' 이런 생각이 들면서 장애인 직원들에게 마음을 빼앗기게 되지요. 게다가 '얼마나 노력을 해야 이렇게 일을 잘할 수 있을까?' '내가 이 정도 기술을 가졌다면 자만하면서 월급을 올려달라고 말했을 텐데.'라는 생각이 들고, 그저 묵묵히 일에 몰두하는 그들에게 감사의 마음이 흘러넘치게 됩니다."

인격과 성격, 프로의식, 일에 대한 자세, 진지함, 무심함, 웃는 얼굴 등 개개인이 가진 특별함을 접하게 된 다카히사는 그들을 이해하는 것을 넘어 함께 일하는 시간 속에서 자신의 행복을 발견하게 되었다.

"누구에게 어떤 말을 들어도 내 생각은 절대 바뀌지 않았습니다. 그러나 지적장애인이라고 불리는 사람들과 같이 일하면서 '대단하다, 도저히 이길 수 없겠다.'라고 진심으로 감동했고, 그들을 존경하게 됐지요."

회사에 있어서 소중한 사람들을 거리로 내몰고 싶지 않다, 훌륭한 장인의 기술을 잃고 싶지 않다, 다카히사는 그런 생각이 머리에 가득 찼다고 한다.

"옷걸이 사업이 점점 줄어드는 상황이기도 했고, 본업에 집중하지 않으면 미래도 없다는 생각이 들기 시작했습니다. 분필 제조라인에서 일하는 직원들의 손을 멈추게 할 수는 없다고 나 자신에게 말했습니다."

"분필은 괜찮다."라고 말한 아버지. 그 말은 즉, 일본에 아이들이 있고 학교가 있는 한 주문은 끊이지 않는다는 의미였다. 그러나 그것만으로는 안 된다고 다카히사는 생각했다.

"학교에서 공부하는 아이들이 우리 회사가 만든 분필을 사용하길 바랐습니다. 나는 그러기 위해 힘을 내야만 했지요. 그것이 내 역할이니까요. 판로를 넓히고, 수주를 늘리고, 그리고 '우리 분필은 괜찮다.'라고 당당하게 말하는 것, 그것이 경영자의 의무라고 생각합니다."

다카히사는 그 생각 그대로 나아가고 있었다. 항상 제조라인에서 일하는 직원 한 사람 한 사람의 얼굴을 떠올리며, 장애인 고용을 줄이고 비장애인 고용을 늘리자는 말은 두 번 다시 꺼내지 않았다.

"지금까지 쌓아 올린 것을 잃으면 일본이화학공업은 더 이상 일본이화학공업이 아니게 되지요. 직원 70퍼센트가 지적장애인인 기업. 그들이 분필을 만들며 일하는 기쁨을 느끼는 회사. 그것이 일본이화학공업입니다. 이해할 수 없지만, 한때 나는 그것을 없애버리려고 했습니다. 그때는 정말 생각이 짧았다고밖에 할 수 없습니다."

다카히사의 시선 끝에 누나 마리가 앉아 있었다.

"꾸밈없이 지적장애인들과 함께 지내고, 회사경영에 기여해온 누나는 나를 지지해주었습니다."

장애인과 함께 생활한 장녀 오야마 마리

오야마 집안의 장녀인 마리는 아버지 야스히로의 영향을 그대로 받았다.

"복지를 공부해라, 지적장애인을 돌보라는 등의 말을 아버지에게 들은 적은 없어요."

야스히로는 일에 매진했을 뿐, 집안은 거의 어머니 혼자 돌보았다고 한다.

"아버지는 집에서도 일을 했고, 우리와 놀아준 적도 별로 없어요. 밖에서 전력질주하는 아버지는 매일 피곤해하셨지요. 저녁을 먹고 나면 바로 잠들었을 정도로요. 나는 아버지의 그런 모습만 보며 자랐습니다. 그러나 아버지가 회사 경영을 위해 몸과 마음을 바쳐 일하고 있다는 사실은 어려서부터 알고 있었어요."

어렸을 때부터 지적장애인을 가까이에서 보며 자란 마리는 장애인에 대한 편견은 조금도 없었다.

"태어났을 때부터 항상 주변에 장애인 직원들이 있었고 그것이 당연한 환경에서 자랐지요. 야유회나 송년회도 항상 그들과 함께 보냈어요. 오타 구에 공장이 있었던 시절부터 함께 일해온 직원들은 내가 태어났을 때 찍은 사진을 아직도 소중하게 간직하고 있답니다."

마리는 일본여자대학 사회복지과를 졸업한 후 장애인 복지와 관련된 일을 했다. 그리고 1993년에 일본이화학공업에 입사했다. 사장의 딸이라도 특별대우를 받지는 않았다. 그녀는 항상 현장에서 장애인들과 함께 일했다.

"40년 동안 그들과 함께 지냈습니다. 그들에게 작업지도를 한 적도 있었지만, 같은 공간에서 그들과 같이 일하는 것이 나에게 있어서는 자연스러운 일이었지요."

40세에 일본이화학공업을 떠난 마리는 상담지도를 공부하며 여러 회사에서 일하다가 남동생인 다카히사의 사장 취임과 동시에 회장이 된 아버지 야스히로가 강연 활동과 책 집필 등으로 매우 바빠지자 다시 돌아와 아버지의 일을 돕게 됐다.

"〈캄브리아 궁전〉에 출연한 후, 시부사와 에이이치 상을 받은 아버지는 미디어와 각종 강연에 부름을 받으면서 온 일본을 돌아다니게 됐지요. 아버지 혼자서는 스케줄을 관리할 수 없어서 나는 지금 아버지의 개인적인 일을 도와주고 있어요."

아버지와 아들, 그리고 딸.

말하지 않아도 뜻을 모아 같은 목표를 향해 나아가는 그들 일가는 누가 시켜서가 아니라 자신들이 스스로 장애인과 함께 생활하는 일생을 선택했다.

책임감으로 얻은 보람

장애인이 주 인력이 되는 회사를 만들고 싶다. 물론 거기에는 일에 대한 이해와 직원들 간의 커뮤니케이션 그리고 생산성을 높이는 '발전' 의식이 철저하게 요구되었다.

이는 비장애인 직원에게나 장애인 직원에게나 똑같이 요구되는 것이지만, 일본이화학공업에는 매뉴얼을 이해하지 못하는 직원들이 많았다. 그래서 그들에게 맞춘 전달방법을 생각해내야만 했다.

공장 생산라인에 배치된 장애인들을 위해 노력하는 동시에, 일본이화학공업의 직원이자 사회인으로서 지켜야 할 규율과 그것을 확인하는 체제를 완성시켰다. 그러자 생산성은 몰라보게 상승되었다고 한다. 다카히사는 이렇게 말했다.

"이 운동은 20년 전부터 시작됐습니다. 사내규율과 자기관리 등의 항목을 'S'자로 시작한 단어로 나열한 '6S'가 바로 그것입니다. 이것은 각자 자신들이 확인하지요. 또한 다른 직원이 지적하면 그것을 개선해가기도 합니다."

6S란 정리, 정돈, 청결, 청소, 습관, 안전이다.*

"장애인 직원들은 그것이 잘 지켜지고 있는지 스스로 항상 의식하고, 또 주변 직원들을 챙겨주기도 합니다."

6S를 모두 지키면 그 직원은 '6S임원'이 된다. 장애인 직원들은 형식적인 기준을 끝내는 데에 목표가 있지 않다. 그들은 각각의 항목에서 보다 높은 태도와 보다 높은 행동을 목표로 한다.

나는 이 6S활동에도 큰 충격을 받았다. 6S활동을 하는 직원들은 모두 '도움을 주는 행복'에 빠져 있었기 때문이다.

지적장애인들은 자신의 특성을 살려 부족한 직원들을 도우면서 자신 또한 우수한 장인 기술자가 되었다. 이것은 일본이화학공업의 생산성이 증명해주고 있었다.

그러나 이 직장에 중요한 것은 숫자만이 아니었다. 숫자보다 더 중요한 것은 장애를 가지고 열심히 일하는 직원들의 마음에 무게를 실어주는 것이었다. 이 6S활동은 장애인 직원의 자존심과 자부심을 높이 쌓아주기 위한 하나의 방법이었다.

"일본이화학공업에 입사하기 전에 그들은 일을 해도 인정받기 힘들었습니다. 그런 그들에게 활약할 수 있는 기쁨을 느끼게 해주고 싶었습니다."

이런 오야마 회장의 생각으로 탄생된 분필 제조라인에서는, 일하는 기쁨에서 나아가 쓸모 있는 존재라는 긍지가 느껴졌다.

"이 긍지야말로 생산성과 품질 향상으로 이어지지요."

---

* 정리는 '세이리(せいり)', 정돈은 '세이돈(せいとん)', 청결은 '세이케쓰(せいけつ)', 청소는 '소우지(そうじ)', 습관은 '슈우칸(しゅうかん)'으로 발음한다. 안전은 영어 'safety'를 써서 이들의 앞 글자를 따 '6S'로 부르는 것이다. ―옮긴이

다카히사도 처음 사장직을 이어받았을 때에는 그 모습에 놀랐다고 한다.

"6S활동은 자기 목표입니다. 장애인들도 인정받고 칭찬받으면 자신감을 갖고 자긍심을 느끼지요. 그러나 이러한 확신은 사장이 된 한참 후에야 들었습니다. 처음에는 그들이 긍지를 갖고 일한다는 사실이 보이지 않았어요. 지금은 장애인에 대해 아무것도 몰랐던 나 자신을 부끄럽게 생각하고 있습니다."

게다가 일본이화학공업은 6S임원이 된 직원 중에 '반장'을 선출한다. 이 '반장제'도 오야마 회장이 사장이었던 시절에 도입한 것이다.

"6S활동은 한 달에 한 번 그룹을 만들어서 공부회를 엽니다."

공부회를 가는 그룹 멤버는 반장을 시작으로, 더스트리스 초크와 키트파스 제조라인에서 중심적인 일을 담당하는 직원들로 구성되어 있다.

반장이 된 직원에게는 책임감이 주어진다. 반장은 자신의 일뿐만 아니라 작업을 같이 하는 동료, 공부회 멤버, 장애가 심한 직원이나 신입사원에게 친절하게 일을 알려주는 역할도 한다. 곤란한 상황이 생겼을 때에는 자진해서 선배에게 연락을 하는 등 자신의 작업 이외에 다른 것에도 주의를 기울인다.

"보통 지적장애인을 고용할 때에는, 비장애인 직원 한 명이 장애인 직원 네다섯 명을 지도하지요. 그러나 반장이 일하는 모습을 본 나와 다른 직원은, '반장으로서 의무를 다하는 직원이라면 충분히 관리인을 보좌할 수 있겠다.'라는 생각이 들었습니다. 그래서 그 생각을 실행으로 옮겼지요."

분필 제조라인에는 장애인 14~15명을 감독하는 관리인(비장애인 직원)이 한 명 있다. 그 관리인 아래에 반장을 두고, 반장에게 직원 두세 명을 돌보는 역할을 맡겼다.

"일을 힘들어하는 사람이 있으면 상담을 하고, 일을 잘 못하는 사람이 있으면 도와주고, 일하는 모습이 평소와 다른 사람이 있으면 격려를 하는 방식으로, 반장이 된 직원은 관리인의 보조로서, 또 직장의 리더로서도 활약하고 있습니다."

방침을 정하고, 조직을 정비하고, 목적을 달성할 수 있도록 끊임없이 과제를 부여해주는 것. 그리고 어떤 순간에도 직원을 세심하게 배려하는 것. 일본이화학공업을 이끄는 사장에게 이 두 가지는 경영의 양쪽 바퀴였다. 전 사장인 야스히로가 만든 제도를, 경영을 이어받은 현재 사장인 다카히사가 진화시켰다.

"장애인 직원은 무언가를 말하면 그 자리에서 바로 알았다고 대답합니다. 그러나 그 말을 완전히 받아들이지 못한다는 것을 알았습니다. 그 행동을 보고 정말 이해하고 있는지, 또 이해시켜 주기 위한 좋은 방법은 없는지 생각해야만 했지요. 그 생각의 결과가 지금의 사내규율과 6S활동 그리고 반장제이지만, 이것도 완전한 것은 아닙니다. 조금 더 치밀하고 세밀하게 장애인 직원들의 가능성을 살리는 환경을 만들고 싶습니다. 동시에 나는 비장애인 직원에게 많은 부담을 주고 있지요."

일본이화학공업에 입사하면 비장애인 직원보다 장애인 직원과 일할 때가 훨씬 많다. 그렇기 때문에 비장애인 직원은 경험과 나이를 불문하고 장애인 직원들을 이끌어줘야만 한다.

"그러나 비장애인 직원들은 그런 것에 대해서 불만을 얘기하지는 않습니다. 모두 어떤 경우에도 자신의 역할을 느끼고 실행해주지요. 위치와 역할이 사람을 움직이고 만든다는 말이 있지만, 우리 회사는 매일 직원들의 의기와 적극적인 자세에 도움을 받고 있습니다."

무지개색 분필을 만드는 회사에서 일한다는 것

일본이화학공업이 일하는 기쁨으로 가득 차 있다는 사실은 30퍼센트가 넘지 않는 비장애인 직원들의 표정과 말에서도 나타났다.

우수한 품질을 자랑하는 제조라인을 만들어낸 분필 제조 담당 스즈키 노부오 부장은 작업을 진행하는 모든 직원들이 본받으려 하는 인물이다.

"JIS규격에 미치지 못하는 분필을 가려내는 눈은 라인 담당직원에게 있어서 필수지요. 우리 회사에는 분필이 좋은지 나쁜지 판별하는 시스템이 있습니다. 완전히 쓸모없는 분필이라면 ×표시 상자에 넣고, 모르겠다면 △표시 상자에 넣는 법칙입니다. 현장을 담당하는 비장애인 직원들은 그 모습을 지켜보면서 △표시 상자에 분필이 늘어나면 라인 직원에게 다가가 JIS규격에 맞는 분필을 가르쳐줍니다. 항상 이렇게 대화하면서 장애인 직원을 도와주고 있지요. 품질을 판단하는 것은 매우 어려운 일입니다. 최종적으로는 우리가 판단하지만, 이전부터 일해온 경험이 풍부한 장애인 직원들은 미세한 품질까지 확인할 수 있지요. 그들은 짧은 시간에 정확하게 분별합니다. 역시 경험만큼 훌륭한 것은 없지요."

스즈키는 절대 장애인 직원과 비장애인 직원을 구별하지 않는다.

"그 이유는 장애인 직원들이 그 가치를 빛내준 시스템과 법칙이 사내에 많이 존재하기 때문입니다. 그들은 항상 열심히 공부하고 있습니다. 그리고 모두 서로 의논하며 하나의 물건을 만들어내고 있지요. 역시 존경하기에 충분한 사람들입니다."

분필 제조 담당자 중에는 스즈키가 의지하는 리더도 있었다.

"특히 생산에서는 6S활동이 기준이 됩니다. 6S활동 중에 'safety', 즉 '안전'을 제안한 사람은 분필 제조 담당자인 다케우치 아키히로였지요. 그는 장애인이기는 하지만 우리와 함께 회의를 진행합니다. 회의시간에 다케우치는 활동 중에 안전을 넣자고 제안했습니다."

다케우치는 원료를 혼합하는 믹서 담당자다.

"오랜 기간 믹서를 담당한 그는 특히 조심을 강조한 적이 많았습니다. 늘 '안전은 중요하다.'라는 생각을 가지고 있었지요. 그가 안전을 제안한 회의 자리에 나도 있었지만, 우리가 미처 생각하지 못한 것을 그가 지적해준 것입니다. 나는 그때 다케우치에게 정말 고마움을 느꼈습니다."

스즈키가 말했다.

"공장에서 지도를 강요한 적은 단 한 번도 없습니다. 모두의 의견을 듣고 그것을 바탕으로 6S활동을 만들었습니다. 그렇기 때문에 6S활동은 원활하게 진행될 수 있었지요."

스즈키는 장애인 직원들의 자세와 일하는 모습을 보고 자신을 반성했다는 말도 했다.

"장애인 직원들은 모두 솔직한 사람들입니다. 들은 말에 대해서 솔직하게 대답하고 또한 솔직하게 행동해주지요. 솔직한 그들에게 절대로 대충 행동하고 대충 말할 수는 없었습니다. 그래서 나는 매일 자세를 바르게 했지요. 장애가 있는 사람도, 그렇지 않은 사람도 모두 하나가 되어 힘을 내고 있다는 것을 그들이 가르쳐주었습니다."

총무경리 담당이자 보조관리인인 사토 아키는 장애인 직원과 가장 가까운 사람이다. 그녀에게서 입사할 때의 이야기를 들을 수 있었다.

"나는 2004년에 입사했어요. 회사 개요에 지적장애인 고용 비율 70퍼센트라고 적혀 있었지만, 나는 그것에 어떤 이질감도 느끼지 못했어요. 딱히 심각하게 생각하지 않았지요. 솔직하게 말하면 나는 지적장애인을 만나본 적이 없었기 때문에 감이 오지 않았었죠. 당시 사장님이었던 오야마 회장님과 지금 사장님인 다카히사와 면접을 본 후 그들의 따뜻함과 친절함에 반해 입사를 결심했어요."

사토는 출근을 하면서 장애인 직원들과 관계를 조금씩 쌓을 수 있었다.

"지적장애인을 어떻게 대해야 할지 몰랐던 입사 초기에는 조금 긴장하기도 하고 당황하기도 했어요. 그러나 그런 걱정을 부정하듯이 모두가 편안하게 말을 걸어줬지요. 오히려 지적장애인 직원들이

나를 받아주고 친절하게 대해줬어요."

지적장애가 있는 직원들은 사토에게만 친절한 게 아니었다.

"새로운 사람이 들어오면 쉬는 시간에 모두 친절하게 말을 걸어줘요. '생일이 언제야?' '어디에 살아?'라며 이런저런 이야기를 물어보죠. 그것만이 아니에요. 컨디션이 나쁜 사람이 있으면 '괜찮아?'라며 걱정도 해줘요. 내가 감기기운이 있을 때에도 그들이 꿀물을 타줬어요. 정말 친절하고 격의 없는 사람들이에요."

사토는 지적장애인 직원들과 우정을 쌓으며 보조관리인으로서 그들의 일과 생활을 돌보게 됐다.

"장애인 직원 중에는 날씨에 좌우되는 사람도 있어요. 비가 오면 기분이 매우 이상해지고는 하지요. 보통은 날씨에 그다지 영향을 받지 않지만, 이런 이들의 경우는 쉬는 시간에 '오늘 하루 종일 비 와?'라고 묻거나 장마에 들어서기 전에는 '벌써 장마가 시작되나?'라며 흥분된 마음을 가라앉히지 못하기도 해요. 번개라도 치면 정말 큰일이죠. 무서움에 눈을 감아버려서 손을 보지 못하게 될 수 있으니까요. 그럴 땐 위험하니까 '눈 똑바로 뜨고 일해요.'라고 말했어요. 그래서 그 대책으로 날씨가 안 좋은 날에는 내가 창가의 블라인드를 치곤 했지요."

사토는 그들의 불안을 조금이라도 없앨 수 있는 방법을 궁리했다.

"야유회를 가면 평소와는 달리 불안해하거나 흥분하는 사람도 있었어요. 불안해하거나 흥분하는 이유도 한 사람 한 사람 다 달랐지요. 서서히 그 이유도 알 수 있게 되었기 때문에 그때마다 그들을 도울 수 있었어요."

사토는 "그래도 나는 일방적으로 무언가를 가르쳐주는 입장은 아니었어요."라며 미소 지었다.

"그들이 모르는 것은 내가 가르쳐주고 도와줬지만, 내가 그들에게 배운 것도 많아요. 인원이 부족해진 분필 라인을 도울 때에는 장애인 직원들이 나에게 정성껏 작업을 가르쳐줬죠. 분필 장인으로서 그들을 정말 존경하고 있습니다."

장애인 동료와 많은 시간을 보낸 사토는 일본이화학공업에서 보내는 일상을 조금도 힘들어하지 않았다. "장애인 직원들과 함께 즐겁게 생활하고 있어요."라며 밝게 말했다.

"정말 모두가 열심히 일하고 있어서 여러 가지를 배울 수 있었답니다. 오히려 내가 깨달은 게 많아요."

60세가 넘어 라인에서 작업장으로 이동한 직원의 모습에서는 존경심을 느꼈다고 한다.

"지금까지와는 전혀 다른 작업이었기 때문에 일은 괜찮은지, 힘들지는 않은지 걱정이 많이 됐지만 그 사람은 결코 흐트러지지 않았어요. 새로운 작업을 몇 번이나 연습하면서 완벽하게 기술을 익혔지요. '60세가 넘은 사람이 이렇게 도전할 수도 있구나.' 하고 오히려 내가 용기를 얻었습니다."

휴일이 되면 장애인 직원들과 밖에 나가 우정을 쌓는 사토는 자신의 직장을 이렇게 표현했다.

"여기는 '사람과의 관계를 소중히 생각하는 회사'예요. 내 업무가 있어도 힘들어하는 사람이 있으면 그쪽을 우선시하죠. 지금은 그것을 당연하다고 생각하고 있어요. 이런 마음을 가질 수 있게 된 것도 장애인 직원들 덕분입니다."

키트파스 제조 담당 리더인 니시무라 노부후미는 2009년에 입사했다. 일본이화학공업을 직장으로 선택한 계기는 《일본에서 가장 소중한 회사》라는 책을 통해서였다.

"그 책을 읽고 난 후 일본이화학공업에서 일하고 싶다는 생각이 들었죠. 고향인 규슈에서 상경해 일을 찾고 있을 때 우연히 그 책을 읽게 되었고, 홈페이지를 검색한 후에 회사에 전화를 걸었어요. 직원을 구하고 있는지 어떤지도 몰랐지만, 어쨌든 전화를 걸어 영업일을 하고 싶다고 말했지요. 면접을 보고 입사가 결정됐을 때에는 날아갈 듯이 기뻤습니다."

오야마 회장의 경영이념에 반해 그곳에서 일하고 싶다고 소망한 니시무라였지만, 그때까지 문구류에는 전혀 관심이 없어서 일본이화학공업의 상품을 사용해본 적은 없었다. 더구나 지적장애인과의 연결고리는 아무것도 없었다고 한다.

"친한 사람 중에 지적장애인이 있었던 것도 아니고, 학교 동창들 중에도 지적장애인은 전혀 없었어요."

직장에서 장애인과 일상적으로 마주하게 된 니시무라는 다양한 '깨달음'을 얻게 됐다.

"처음 입사해서 같이 일하게 됐을 때는 상당히 당황스러웠어요. 어떻게 대화하면 좋을지 몰랐지요. 현장에서 키트파스의 성형을 담당하게 됐는데, 모르는 것이 있을 때에는 선배인 장애인 직원에게 물어보며 작업을 해야 했어요. 그러나 그들과는 대화가 전혀 되지 않았어요. 물어보고 싶은 것을 제대로 전할 수 없었고, 질문을 해도 돌아오는 설명을 이해할 수 없었습니다. 처음 한 주는 매우 힘들었어요. 그러나 주말 정도에는 뭔가 즐거움이 느껴졌지요. 서로 다른 환경에서 태어난 사람들이 키트파스라는 상품을 만들기 위해 하나가 되었다는 느낌이 들었어요. 서로 이해할 수 없는 것을 거북하게 생각하지 않고 열심히 대화하려고 노력하면서 사람과 관계를 맺는 것이 가장 중요하다는 사실을 깨닫게 됐어요. 오야마 회장님은 이렇게 장애인들과 함께 걸어왔구나 하는 생각에 가슴이 뜨거워졌습니다. 입사 2주째부터는 탄력을 받기 시작했고 대화가 조금 어긋나도 여기가 나의 일터라는 생각이 강해졌지요. 그때부터는 줄곧 즐겁게 일하고 있습니다."

날이 갈수록, 시간이 지날수록 어느 한 생각이 크게 자리 잡기 시작했다고 니시무라는 말했다. 그것도 아주 차분하게.

"《일본에서 가장 소중한 회사》라는 그 책을 읽고 일본이화학공업에 입사한 후에 인생이 크게 바뀌었습니다. 사람은 혼자서 살아갈 수 없다, 사람은 사람을 배려하고 배려받아야 한다, 그래야 행복해질 수 있다. 그 책을 만난 후에 직감적으로 이곳에서 일해야겠다고 생각했고, 곧바로 전화를 걸어 회사와 직접 담판을 지었지요. 그래서 지금도 이렇게 일본이화학공업에서 일할 수 있게 되었습니다. 쑥스럽기는 하지만, 그렇게 한 나 자신을 조금 칭찬해주고 싶어요."

PART IV

분필 공장 집안에서 태어나

경영자로서의 천명

사가미하라 난동사건의 충격

2016년 7월 26일 새벽에 일어난 잔인하고도 잔인한 그 범죄를 일본이화학공업의 회장 오야마 야스히로는 TV 뉴스를 통해 알게 됐다.

가나가와 현 사가미하라 시 미도리 구 지기라에 있는 장애인 시설 '쓰구이 야마유리엔'에서 난동사건이 일어났다. 흉기를 가진 남자가 입소자를 찌른 이 사건은 1989년 이후 최악의 사상자를 낳은 살인사건이 됐다. 칼에 찔려 사망한 이들은 시설에 입소한 지적장애인들로 41~67세 남성 9명, 19~70세 여성 10명이었다. 이 외에도 27명이 부상을 입었고 그중에는 직원 3명도 포함돼 있었다.

30,890제곱미터의 대지에 2층 건물로 된 '쓰구이 야마유리엔'은 동관과 서관으로 이루어진 10,900제곱미터의 주거동이 2동 있었고, 그곳에는 10대부터 70대의 지적장애인 149명이 장기 입소해 있었다.

범인은 그 시설에 근무하고 있던 직원으로, 범죄 후 "의사소통이 되지 않는 사람들을 칼로 찔렀다."라고 진술했다. 경찰 조사에서는 용의를 인정하며 "장애인은 죽어도 된다."라고 말했다고 한다.

오야마 회장은 큰 충격에 말을 잃었다. 왜 몰랐을까, 왜 알려고 하지 않았을까 하고 혼자 중얼거렸다.

"이 세상에 죽어도 되는 사람은 단 한 명도 없다. 중증장애인들도 반드시 누군가에게는 필요한 사람이다. 사람의 마음을 응원하고, 필요한 존재들인데……."

오야마 회장은 '사회복지의 아버지'라고 불리는 이토가 가즈오가 1965년에 출간한 책을 떠올렸다. 이토가 가즈오는 일본에 장애인 복지를 개척한 선구자다. 오야마 회장은 그때의 마음을 이렇게 털어놓았다.

"이토가 선생은 1946년에 전쟁고아와 지적장애 아동을 위해 오미 학원을 창설했습니다. 그 후에는 중증심신장애 아동을 위해 비와코 학원도 개설했지요. 이토가 선생이 집필한 책의 제목은 《이 아이들을 세상의 빛으로(この子らを世の光に)》입니다. 일반적인 복지 견해를 가졌다면 이 책의 제목은 '이 아이들에게 세상의 빛을(この子らに世の光を)'이 됐을지도 모릅니다. 그러나 이토가 선생은 '이 아이들을 세상의 빛으로'라고 말했지요. 그들이야말로 온 세상을 비추는 빛이 될지도 모른다고 말입니다. 그것이 내가 1960년부터 계속해온 지적장애인 고용의 핵심입니다. 나는 장애인을 고용했지만, 그 모습을 본 나야말로 그들에게서 삶의 의미와 누군가에게 도움을 주는 행복 그리고 일하는 기쁨을 배웠습니다."

반세기가 넘는 시간 동안 장애인을 고용하고, 그 속에 감춰진 '빛'

을 알고 있는 오야마 야스히로에게는 아직 남아 있는 사명이 있다. 오야마 회장은 처참한 뉴스 영상을 보면서 이렇게 생각했다고 한다.

"나는 장애인들이 세상의 빛이라는 걸 잘 알고 있지요. 그런 내가 입을 다물어서는 안 된다고 생각했습니다. 아무리 느려도, 아무리 큰 장벽이 있어도 계속해서 말해야 한다고 다짐했습니다."

오야마 회장이 이따금 암기하는 것이 있다. 그것은 일본 헌법 제13조다.

> 모든 국민은 개인으로서 존중받는다. 생명, 자유 및 행복추구에 관한 국민의 권리에 대해서는 공공복지에 반하지 않는 한 입법과 그 외 국정으로 최대의 존중을 필요로 한다.

"우리 회사 직원들은 이 내용을 몸소 보여주고 있습니다. 나는 그것을 모든 사람들에게 계속해서 전할 겁니다."

두 소녀와의 만남

"지금 생각해도 이해할 수 없습니다."

오야마 회장은 내 앞에서 몇 번이나 고개를 가로저었다.

"왜 그 선생님이 젊고 불손한 나를 몇 번이나 찾아와 '학생들을 고용해주세요.'라며 머리를 숙였는지. 귀찮아하던 나에게 땀 흘리며 열심히 설명해준 그 선생님이 내가 걸어갈 인생의 길을 열어주었습니다."

이것은 아버지가 사장을 맡고 있던 일본이화학공업에 오야마 야스히로가 입사한 지 3년 정도 지난 1959년도의 일이다. 40대 정도 되는 남성인 도쿄 도립 아오도리 양호학교의 하야시다라는 선생님이 어느 날 회사를 찾아왔다.

"그 무렵 전무였던 나는 지적장애인에 대한 지식이 전혀 없었어요. 하야시다 선생님은 졸업한 학생들을 고용해달라고 부탁했지만, 나는 책임질 수 없다며 냉정하게 거절했습니다. 그러나 그 선생님은 포기하지 않고 최선을 다해 나를 설득시켰지요. 지금 생각하면 우리가 분필 공장이기 때문은 아니었을까 싶습니다. 분필을 만드는 일이라면 장애인들도 할 수 있을 거라고 생각했겠지요. 학교 근처에 공장이 있어서 출퇴근하기 쉽다는 생각도 했을 겁니다. 아무튼 하야시다 선생님은 나를 세 번 찾아왔습니다."

하야시다 선생이 세 번째 찾아왔을 때 마침내 오야마 회장은 부탁을 받아들였다. 선생의 그 말이 가슴을 찔렀기 때문이다.

"물론 많은 얘기를 나눴고, 그들의 처지에 대해서도 들었습니다. 그래도 나는 성가셔했고 정신박약은 일을 할 수 없다고 매정하게 생각했지요. 그러나 선생님의 두 가지 말이 내 가슴을 내리쳤습니다. 첫 번째는 '졸업 후 직장이 없으면 부모님과 떨어져 평생 시설에서 지내야 합니다.'라는 말이었습니다. 그리고 또 하나는 '일을 경험해보지 못한 채 생을 마감하게 될지도 모릅니다.'라는 말이었습니다. 몇 번이나 거절한 나에게 선생님은 '취직은 포기할 테니까 일이 무엇인지만이라도 꼭 경험하게 해주세요. 나는 우리 아이들에게 단 한 번이라도 좋으니까 일이라는 것을 경험시켜 주고 싶습니다.'라고 말하더군요."

그 말이 당시 27세였던 오야마 회장의 마음을 움직였다.

"그 말을 듣고 나는 마음이 조금 돌아섰습니다. 그래서 15세 졸업 예정자 여학생 두 명을 2주 동안 실습시키기로 했지요."

그 순간, 자신의 인생이 크게 바뀔 거라고는 상상하지 못했다고 한다.

"그러나 직장에서는 곧바로 변화가 일어났습니다. 당시 분필 공장에서 일하는 직원들 중 절반 정도는 중년 여성이었습니다. 그녀들에게는 이 여학생들이 딸같이 보였겠지요. 2주 동안 이어진 실습기간이 끝나는 날에 '전무님, 장애인이 단 두 명이라면 어떻게든 되지 않을까요? 우리가 그 아이들을 잘 돌볼 테니까 계속 직장에 나오게 해주세요.'라며 사무실에 찾아와서 말하더군요. 나는 그 기세에 눌려서 일단 알았다고 허락했습니다."

당시 아버지인 초대 사장 오야마 요조는 심장질환으로 병원에 입원한 상태였다. 실질적으로 아들인 오야마 야스히로가 경영을 책임지고 있었기 때문에 장애인 고용은 나중에야 보고됐다.

"지적장애인을 고용했다고 하면 병상에 누워계신 아버지가 화를 내실지도 모른다는 생각이 머리를 스쳐 지나갔어요. 그러나 아버지는 태연하게 이렇게 말씀하셨습니다. '그런 회사가 하나쯤 있는 것도 나쁘지 않아.'라고 말입니다. 나는 아버지가 창업자로서 누구보다 열심히 노력했다는 것을 떠올렸습니다."

농가에서 태어난 오야마 요조에게는 열 명의 남매가 있었다.

"자동차를 좋아하던 아버지는 상점의 점원이 되면 자동차를 탈 수 있다는 생각에 상가의 견습생으로 들어갔다고 합니다. 그러고 나서 아버지는 초등학교도 졸업하지 못했습니다. 자수성가로 일을 배운 분이었지요. 지금 돌이켜보면, 당시 아버지는 필사적으로 일하면서 살아갈 길을 개척해야만 했던 자신의 견습생 시절을 떠올린 게 아니었을까 하는 생각이 듭니다."

오야마 회장은 조용히 등을 떠밀어 준 아버지의 생각을 거역하지 않았다. 그러나 실제로 공장에 온 소녀들을 돌봐 준 사람은 오야마 회장의 어머니 하나였다.

"어머니는 장애인 직원이 늘어나도 그들을 계속해서 잘 보살펴

줬습니다. 어머니에게 직접 감사의 말을 전한 적은 없지만, 어머니가 그들을 돌봐 준 덕분에 나는 안심하고 내가 믿은 길을 걸어갈 수 있었어요."

일본이화학공업에 온 소녀들은 오야마 회장이 상상도 하지 못할 정도로 열심히 일을 했다. 출근시간보다 한 시간 전에 회사에 와서는 비가 오는 날에도, 바람이 부는 날에도 공장 대문이 열리기를 기다렸다. 그들은 시간이 가는 줄도 모르고 분필 상자를 조립하고 라벨을 붙이는 작업을 했다. 그러나 오야마 회장의 가슴에는 몇 가지 의문이 싹트기 시작했다고 한다.

"복지시설에 있는 편이 편하고 행복하고 더욱 안정될지도 모른다, 그렇게 생각한 나는 왜 그들이 열심히 일하는지 의문이 들기 시작했습니다. 당시는 그들에게 있어서 노동은 고통이라고 생각했기 때문입니다. 그런데 무언가 실수를 해서 직원이 '이제 나오지 마.'라고 말하면 그 소녀들은 '싫어.' 하며 눈물을 흘렸지요. '회사에서 일할래.' 하고 말하면서요. 이상했습니다. 게다가 내 안에서는 장애인에게 일을 시킨다는 어딘지 떳떳지 못하단 생각이 자리 잡기 시작했습니다."

두 명의 지적장애인 소녀가 일하는 모습을 보면서 쏟아져 나온 몇 가지 감정. 그 의문들은 머지않아 사라졌다. 오야마 회장이 만난 어느 스님의 말 때문이었다.

지적장애인
고용의 결심

이대로 장애인 고용을 계속해야 할지, 분필 공장에서 일하고 있는 장애인 소녀들은 정말 행복한지, 장애인에게 일을 시키는 것이 옳은지, 이러한 의문이 사라진 것은 법회에 참석했을 때 동석한 스님에게 들은 '인간의 궁극적인 네 가지 행복'이란 말에 의해서였다고 한다.

"지인의 법회를 위해 찾아간 절의 주지스님과 나란히 앉아서 식사를 하게 됐어요. 그때 나도 모르게 튀어나온 말이 장애인 소녀들에 대한 이야기였습니다. 우리 공장에는 지적장애인 두 명이 일하고 있고, 그들은 매일 누구보다도 일찍 출근해서 열심히 하고 있다고 말했지요. 그러나 역시 일반인과는 달리 종종 실수를 일으키기 때문에 혼나는 일도 잦다고 했어요. 그래도 왜 매일 출근하는지, 회사에서 힘들게 일하는 것보다 시설에서 도움을 받는 편이 훨씬 행복할 텐데, 하고 제 생각을 전했지요. 그러자 그 주지스님은 '인간의 행복에 대해서 가르쳐드리겠습니다.'라고 대답하시더군요. 이 네 가지가 인간의 궁극적인 행복이라면서요."

물건과 돈을 얻는 것이 인간의 행복은 아니다.

사람에게 사랑받는 것.

사람에게 칭찬받는 것.

사람에게 도움을 주는 것.

사람에게 필요한 존재가 되는 것.

이것이 인간의 궁극적인 행복이다.

"주지스님은 이렇게 덧붙였습니다. '오야마 씨, 사람에게 사랑받는 것은 시설에서도, 집에서도 가능하지요. 그러나 사람에게 칭찬받는 것, 도움이 되는 것, 필요한 존재가 되는 것은 일하면서 얻을 수 있습니다. 즉, 그 사람들은 일을 통해서 행복을 느끼고 있는 것입니다. 시설에서 편안하게 지내는 것만이 행복은 아닙니다.' 사람은 누군가에게 부탁을 받고 도움이 되었을 때 기쁨을 느낀다, 주지스님의 이야기를 듣고 소녀들이 왜 매일 출근을 하는지 그 이유를 깨달았습니다. 갑자기 눈이 밝아지는 듯한 느낌이 들었습니다."

오야마 회장은 그 순간부터 세상에 비치는 풍경도, 색도 다르게 보였다고 말했다.

"나는 우리 회사가 분필 공장으로서 큰 회사가 될 수 없다면, 장애인을 많이 고용하는 회사로 만들겠다고 다짐했습니다."

직장에서 일어난 분쟁과 역경을 극복하고

장애인에게 일하는 기쁨과 행복을 주고 싶다, 그런 생각과 힘을 다잡은 오야마 회장에게 용기를 준 것은 장애인 소녀들의 일하는 모습이었다. 그 소녀들은 말없이 오야마 회장을 응원하고 있었다. 오야마 회장은 어떠한 경우라도 장애인 직원들을 비장애인 직원과 구별해서 생각하지 않았다.

"내가 결혼식을 올릴 때에는 모든 직원들을 초대했습니다. 결혼식은 팰리스 호텔에서 열렸지요. 피로연 때는 장애인 직원들이 나와 아내를 위해 노래를 불러줬습니다. 노래는 '고추잠자리'였습니다. 결혼식에는 어울리지 않는 창가였지만, 노래를 열심히 불러준 그 모습이 대견했고 피로연에 온 손님들도 모두 흐뭇하게 미소를 지었습니다. 그때 '이 아이들과 함께 분필 공장을 잘 이끌어보자.' 하고 가슴속 깊이 다짐했던 게 아직도 기억납니다."

오야마 회장은 그 경사스러운 날에 중요한 손님으로 아오도리 양호학교의 교장선생님을 초대했다.

"지금 생각하면 무의식중에 장애인 고용의 결의를 학교 선생에게도 알리고 싶었던 것 같습니다. 또한 인생을 함께 걸어갈 아내에게도 내 생각을 알리고 싶었고요."

비장애인 직원도, 장애인 직원도 전부 모여 축하해준 결혼식.

"그 결혼식은 나의 자랑입니다. '고추잠자리'는 지금도 내가 가장 좋아하는 노래랍니다."

인생의 또 하나의 시작을 소중한 직원들과 함께 맞이한 오야마 회장은 이후 장애인 고용을 더욱 늘려갔다. 장애인이 열심히 일하는 회사를 만들고 싶다, 그러한 사명감으로 가슴이 부풀어 오른 오야마 회장은 앞으로 경영자로서 만나게 될 역경은 미처 생각하지 못했다고 한다.

"이 시기에 찾아온 역경은 경영자인 나에게 있어 터닝포인트가 되었습니다."

도대체 어떤 일이 있었던 걸까? 내가 묻자 오야마 회장은 그 자세한 이야기를 해주었다.

장애인 고용은 오야마 회장의 결심만으로 쉽게 이루어지는 게 아니었다. 장애인과 함께 일하는 비장애인 직원들의 이해와 배려, 따뜻한 마음이 반드시 필요했다. 오야마 회장은 당시를 이렇게 회상했다.

"그 무렵 비장애인 직원들은 줄곧 장애인 직원들의 일을 도와줘야만 했습니다. 글씨를 읽지 못하고 숫자도 셀 수 없는 그들이 할 수 있는 것은 비장애인 직원 옆에서 물건을 나르고 쌓는 일밖에 없었지요. 그래도 우리가 그들을 돌보자며 비장애인 직원들이 기꺼이 힘을 모아준 덕분에 장애인 고용을 이어갈 수 있었습니다."

그러나 얼마 지나지 않아 직장에 분쟁이 일어났다. 공장 라인에서 다 같이 일해도 비장애인 직원과 장애인 직원은 똑같은 일을 할 수 없었기 때문이다. 장애인의 뒤를 봐주면서 일하는 비장애인 직원들은 당연히 많은 부담을 느끼고 있었다.

오야마 회장은 그 모습을 뚜렷하게 기억하고 있었다.

"공장에서도, 휴게실에서도 비장애인 직원들은 항상 장애인 직원들을 돌봐야만 했습니다. 양호학교 선생님처럼, 아니, 그 이상으로 장애인 직원들이 잘할 수 있도록 손과 발이 되어 그들을 가르쳐줬습니다."

오래 근무한 직원들은 오야마 회장의 뜻과 마음을 이해하고 그런 나날을 묵묵히 보냈지만, 생활비를 벌려고 온 시간제 주부들은 달랐다.

"분필 제조라인에 들어온 시간제 직원들이 불만을 얘기하기 시작했습니다. '이런저런 뒤처리를 하느라 우리는 쓸데없는 일이 늘어났다. 그런데 왜 그들과 똑같은 월급을 받아야 하느냐?'라며 직접 사무실로 찾아온 사람도 있었지요. 대부분 시간제 직원들도 최저임금을 받고 있었기 때문에 당연히 장애인 직원과 똑같은 월급을 받는 걸 이해하지 못했어요."

장애인 고용을 다짐하고 그 수를 한 명, 두 명 늘려갈수록 생각지도 못한 반응이 일어났다.

"시간제 직원이든, 장애인 직원이든 고용한 이상 월급은 줘야만 하지요. 장애인 고용을 시작할 무렵에는 이미 고용자의 최저임금법이 존재하고 있었습니다."

장애인 임금에 대해서는 행정구역 노동국장의 허가를 받으면 특례로 '최저임금의 적용예외'가 인정되지만 오야마 회장은 그렇게 하지 않았다.

"신청을 하면 최저임금보다 20퍼센트에서 30퍼센트 정도 낮게 지급해도 되지만, 나는 그것을 선택하지 않았습니다."

그러나 '일을 못하는 장애인과 똑같은 임금을 받을 수 없다.'라며 목소리를 높인 시간제 직원들이 만약 사표라도 써버리면 작업은 돌아가지 않게 된다. 고심 끝에 오야마 회장은 하나의 묘안을 생각해 냈다.

"장애인 직원들이 시간제 직원들보다 일을 못한다는 이유로 적용예외를 신청할 수는 없었습니다. 내가 결심한 것을 이루기 위해서도 방침이 필요했지요. 그때 떠오른 것이 '도움수당'이었습니다. 매일 장애인을 돌봐 주는 비장애인 직원과 장애인과 함께 일하는 시간제 직원에게도 그들을 돌봐 줘서 고맙다는 의미로 특별수당을 지급했습니다."

그 금액은 많지 않았지만 오야마 회장이 가진 감사의 마음과 배려는 모든 직원들에게 전해졌다. 이런 따뜻한 마음을 가진 회사에서 일할 수 있어서 다행이라며 직원들은 그 환경을 기뻐했다. 작은 돈이라 해도 이 '도움수당'은 장애인과 비장애인의 윤활유가 되어주었다.

"더 이상 불만을 얘기하는 직원은 나오지 않았고, 오히려 '수당을 받으니까 더욱더 친절하게 알려주자.' 하는 분위기가 생겼습니다."

직장은 평온함을 되찾았고 퇴직자가 나오지 않게 되자 오야마 회장은 비로소 가슴을 쓸어내렸다고 한다. 하지만 반면에 이 환경이야말로 '문제'가 숨어 있다는 사실을 깨달았다.

오야마 회장은 말했다.

"장애인 직원들은 비장애인 직원들과 같은 공장에서 일했지요. 그 둘의 관계성을 주시하자 결코 쉽게 해결될 수 없는 문제가 보이기 시작했습니다."

그것은 다음과 같은 것이었다.

"비장애인 직원이 장애인 직원에게 일을 가르쳐주게 되자 항상 명령하는 사람과 명령받는 사람이라는 주종관계가 형성되어 버렸지요. 그러한 가운데 '도움수당'이라는 걸 받고 있었기 때문에 비장애인은 도움을 주는 사람, 장애인은 도움을 받는 사람이라는 위치도 굳어져 버렸습니다. 지시하는 사람과 지시받는 사람이 고정화된 것은 언뜻 보기에는 질서정연한 것 같지만, 나는 정말 이대로 괜찮을지 의문을 가지게 됐습니다. 뭔가 이상하다는 생각이 들었습니다."

오야마 회장이 느낀 문제의식은 결코 간단한 것이 아니었다.

"지적장애인에게 일하는 기쁨을 주겠다고 말하면서 직장에서도 도움을 받게 하는 것, 그것이 정말 행복일까 생각하게 됐습니다. 그리고 그것 이상으로 비장애인 직원에게도 부담을 주고 있다는 현실을 느끼기 시작했습니다. 비장애인 직원에게도 일하는 기쁨을 내가 뺏고 있는 건 아닌지 다시 생각해보았지요."

야유회와 송년회 등 사내행사가 고민의 발단이 되었다.

"비장애인 직원과 장애인 직원의 행동과 마음이 엇갈려 보였기 때문입니다. 야유회나 송년회는 비장애인 직원에게 일에서 벗어나 동료들과 즐거운 시간을 보낼 수 있는 좋은 기회이지요. 그러나 그 때에도 그들은 장애인 직원을 돌봐야 하기에 홀가분하게 즐길 수가 없었습니다."

비장애인 직원들의 표정에는 그늘이 보이기 시작했다.

"장애인 직원들과 떠나는 여행에서는 아무래도 긴장감을 놓을 수가 없습니다. 길을 잃는 사람이 없도록, 다른 관광객에게 폐가 가지 않도록 항상 신경을 써야 하니까요. 온천에 가서 술을 마시며 느긋하게 쉬는 직원 여행에서도 그들은 '도움'에서 해방될 수 없었습니다. 한편, 장애인 직원도 여행을 떠나 화장실이나 잠자리가 바뀌면 어딘지 모르게 마음이 불안해져서 즐길 수 없는 사람들도 있었고요."

오야마 회장은 야유회나 송년회, 친목회를 할 때마다 이 문제에 대해서 고민을 했고, 비장애인과 장애인을 분리시킨 적도 있었다.

"서로 불편함을 느끼고 아무도 즐길 수 없다면 따로 움직이는 게 좋지 않을까 생각했습니다. 그러나 그것은 나에게 견디기 힘들 정도의 외로움이었습니다."

열정적인 양호학교 선생님의 방문, 지적장애인 소녀 두 명과의 만남, 장애인 직원들에게 보내는 비장애인 직원들의 따뜻한 마음, 장애인도 할 수 있다는 믿음을 심어준 분필 작업. 이러한 것이 한 데 어우러져서 오야마 회장은 장애인 고용이라는 경영방침을 결심했다. 그러나 그는 그 결심과 다시 한 번 마주해야만 했다.

"주주 중에는 기업의 성장을 바란다면 장애인 고용은 그만두라고 반대 의견을 낸 사람도 있었습니다. 나 자신에게 있어서도 회사에 비장애인 직원들만 있는 게 훨씬 편했지요.”

오야마 회장의 가슴속에 생긴 고민과 망설임은 사내를 소란스럽게 했다.

“경영자가 망설이면 직원들은 불안해하고 회사는 불안정해집니다. 이렇게 작은 공장에도 우울한 공기가 가득했습니다.”

회사뿐만이 아니었다. 당시 사회는 지적장애인에 대한 편견을 극복하지 못하고 있었다.

“장애인 고용에 대한 차가운 시선이 있었던 것도 사실입니다.”

오야마 회장은 괴로움 속에서 회사란 무엇일까, 경영이란 무엇일까를 생각했다. 그리고 그는 한 가지 답을 이끌어냈다.

“그 답은 ‘중증 지적장애인에게 행복을 만들어주는 회사를 경영한다.’였습니다. 나는 결심했지요. 일본이화학공업은 이익과 성장 그리고 모든 직원들에게 행복을 제공하겠다고요. 경영자란 이 두 가지 목표를 이루기 위해 온 힘을 다해 일하는 사람이라고 나 자신에게 말했습니다.”

오야마 회장은 그때부터 지적장애인이 도움을 받는 사람에서 벗어나 강인한 노동자가 되는 방법을 고안해내기 시작했다.

그의 가슴에는 항상 법회에서 만난 주지스님의 말이 담겨 있었다.

“사람은 일을 해야 행복해질 수 있습니다. 일본이화학공업은 건강한 사람이라도, 장애가 있는 사람이라도 일하는 행복을 느낄 수 있는 곳입니다. 그 마음은 어느 날 갑자기 생기는 것이 아닙니다.”

세계적으로 전례가 없는 회사를 목표로

1967년, 일본이화학공업은 홋카이도 비바이 시에 제2공장을 개설했다. 당시 더스트리스 초크는 오타 구 공장만으로는 생산이 부족할 정도로 그 수요가 폭발적이었다. 그런데 때마침 야마구치 현 우베 시와 홋카이도 비바이 시에서 공장 유치에 대한 권유를 해왔던 것이다.

우베 시는 분필의 주재료인 탄산칼륨 생산지라는 것을 최대의 장점으로 어필했다. 이곳에 공장을 세우면 원료수송 비용이 대폭 줄어들고 경쟁회사가 많은 간사이 지방에서도 점유율을 늘릴 수 있었다. 경영에 있어서 큰 기회라는 건 틀림없는 사실이었다.

한편 비바이 시는 '지적장애인 고용'에 대한 생각을 전해왔다. 시청의 복지 담당직원과 복지형 장애아동 입소시설인 비바이 학원의 책임자가 회사를 찾아와 기업이 적은 비바이 시의 지적장애인 고용 실태를 호소했다. 그 모습은 8년 전 졸업생에게 일자리를 달라고 호소하던 아오도리 양호학교의 선생님을 방불케 했다.

비바이 시와의 관계에는 특별한 경위가 있었다.

"1965년에 당시 노동장관이었던 이시다 히로히데가 우리 공장을 시찰한 적이 있었습니다. 그것이 닛케이신문에 실렸고, 그 기사를 본 비바이 시 시장은 자신의 지역에 공장을 유치해달라고 부탁을 했지요. 같은 무렵 우베 시 시장도 비바이 시 시장과 똑같은 제안을 했습니다."

분필 재료가 풍부한 우베 시라면 저렴한 가격으로 원료를 운송할 수 있었다. 공장 유치는 우베 시가 제1순위였지만, 비바이 시 시장의 열의도 무시할 수는 없었다.

"비바이 시는 지방도시이지만 복지는 잘 형성되어 있다고 했습니다. 그러나 장애인이 취업할 곳은 거의 없다고 말했지요. 그 말을 듣고 그들의 부탁을 함부로 거절할 수가 없었습니다."

오야마 회장은 그 무렵 이미 '지적장애인이 주 인력이 되는 회사'를 만들겠다는 결심으로 장애인 고용을 늘려가고 있었다.

"상당히 고민했지만, 최종적으로는 비바이 시의 부탁을 들어줬습니다. 이유는 시장님과 시청 담당자 그리고 양호학교 선생님의 열의 때문이었지요."

비바이 시에 새 공장을 세우기 전에, 오야마 회장은 세계 제일의 공장을 만들고 싶어 미국 시찰을 계획했다.

"어차피 공장을 세울 거라면 미국의 공장 설비를 보고 싶었습니다. 처음 분필 공장을 시작한 것도 아버지가 미국에서 가루가 날리지 않는 분필을 수입한 덕분이었습니다. 비록 미국의 분필 제조기계를 수입할 수 없어서 독일의 파스텔 제조기계를 수입했지만요. 미국에 더스트리스 초크 공장이 있다면 꼭 가보고 싶었습니다."

당시는 아직 1달러가 360엔이었다. 그러나 개인이 반출할 수 있는 외화 금액은 500달러까지였다.

"처음 도착한 뉴욕에서는 하루에 10달러 하는 저렴한 호텔에 묵었습니다. 다행히도 미국에는 도쿄청년회의소 활동을 통해 알게 된 사람이 있었습니다. 바로 일본여자대학의 교수 고지마 요코입니다. 그녀는 장애인과 관련된 공부를 하고 있었고 미국에 머무는 날이 많았기 때문에, 미국에 올 일이 있으면 안내해주겠다고 나에게 말한 적이 있었지요. 그래서 혼자 미국에 건너가 고지마와 함께 공장을 시찰했습니다."

고지마 요코는 장애인 직업재활 연구의 일인자로서 다양한 활동을 한 복지 교육자다. 《사회재활의 실천(社会リハビリテーションの実践)》 등 장애인복지 분야와 사회복지 교육에 관한 다수의 책을 집필했다.

그러나 복지의 일인자가 동석해도 미국은 쉽게 공장을 보여주지 않았다.

"미국 공장들은 산업 경쟁자에게는 견학을 시켜주지 않는다고 말했습니다. 어쩔 수 없이 고지마와 나는 '우리는 수산장(授産場)의 연수를 위해 왔다.'라고 설명했고, 그 후에 공장 방문을 허락받았지요. 그러나 뉴욕 공장은 보지도 못한 채 시카고로 건너가 그곳의 분필 공장을 견학해야 했습니다."

(※수산장이란 신체장애인이나 지적장애인들이 일반 기업에 취업하기 어려운 경우 직업훈련을 해주면서 자립할 수 있도록 도와주는 사회복지시설이다. 일

본에서는 주로 지방공공단체나 사회복지법인 등이 수산장을 운영하고 있고, 현재는 사회취업센터/SELP라는 명칭으로 바뀌었다. 기본적으로 생활지도와 작업지도를 하고 있으며, 입소자에게는 시설의 수익에 따른 임금을 지불하지만, 다양한 이유로 수익이 낮기 때문에 결과적으로는 저임금이 문제되고 있다.)

미국에서의 귀중한 경험은 후에 지적장애인 고용에 큰 참고가 되었다.

"미국에 가서 놀란 점은, 일본의 수산장과 같은 곳에서 신체장애인을 고용하고 있지만 지적장애인은 전혀 고용하지 않고 있었다는 점입니다. 미국에는 지적장애인이 일할 곳이 없었지요. 또 시카고에 있는 신체장애인 고용 공장이 자신들의 내부 회계 사정을 나에게 알려주었는데요, 그 공장은 3분의 1이 기부, 3분의 1이 공공지원, 나머지 3분의 1이 수익으로 운영되고 있었습니다. 민간회사인데도 장애인을 고용하기 위해 3분의 1은 기부를 받고 있었어요. 즉, 기부가 없으면 공장의 경영은 무너져버리게 되는 것이었죠."

오야마 회장이 미국에 간 이유는 아직 일본에 존재하지 않는 장애인 회사의 환경과 그 운영을 배우기 위해서였다. 그러나 그곳에는 지적장애인이 일하는 공장은 없었다. 또한 장애인이 일하는 공장은 민간의 힘만으로는 운영될 수 없다는 현실을 알게 되었다.

"미국 시찰은 나에게 매우 큰 자극이 되었습니다. 미국을 본보기로 삼고 싶다는 나의 생각은 수포로 돌아갔지만 동시에 공장시설도, 경영기반도 독자적으로 개발해야 한다는 각오를 다질 수 있었습니다."

시행착오도 있었지만 오야마 회장은 지적장애인의 능력과 이해력에 맞춘 분필 제조라인 공정을 오랜 직원들과 함께 개혁해갔다. 경영에 관해서도 기부에 의지하지 않기 위해 생산성과 수익성을 높이는 방법을 강구했다.

"미국처럼 시작했으면 일본이화학공업은 여기까지 오지 못했을 겁니다. 미국을 반면교사로 삼아 독자적인 기업경영과 생산공정을 만들어냈지요. 그래서 미국 시찰은 결과적으로 큰 성과라고 할 수 있었습니다."

오야마 회장은 도쿄청년회의소에서 얻은 정보와 인맥에 지금도 감사해하고 있었다.

"도쿄청년회의소에 들어간 것은 1961년이었습니다."

오야마 회장은 분필 업계라는 좁은 세계뿐만 아니라 경영자로서 보다 넓은 시야를 갖고 싶었다. 당시 도쿄청년회의소 이사장은 장애인 고용촉진에 중심을 둔 젊은 경영자 오야마 회장에게 복지위원이 되어달라고 부탁했다.

"이사장이 '자네는 장애인을 고용하고 있으니까 복지위원회에 들어가는 게 어때?'라고 말하며 추천해줬습니다. 그 덕분에 고지마를 알게 됐고, 또한 복지법과 조례 그리고 정보를 접할 수 있었지요."

오야마 회장은 40세의 나이에 청년회의소를 '졸업'했지만, 마지막에는 부이사장 자리에까지 올랐다.

장애인을 고용하고 정년까지 일할 수 있는 시스템을 구축한 오야마 회장은 누구나 정직원이 되어 사회보장을 받을 수 있도록 노력했다. 실제로 일본이화학공업에서는 대부분의 직원들이 정년까지 일하고, 또한 정년을 맞이해도 65세까지 일을 하고 있다.

여러 만남이 가져다준 기회

지적장애인 고용의 결심을 굳히고 미국 시찰을 감행한 오야마 회장에게 몇 가지 기회가 찾아왔다.

“하늘이 도와준다고 생각했던 적이 몇 번 있었습니다. 그중의 하나가 장애인 모델공장 설립에 대한 융자제도였습니다.”

1973년, 노동성(현 후생노동성)의 담당자가 오야마 회장에게 직접 전화를 걸었다.

“그 담당자가 말했습니다. 1960년에 ‘장애인 고용촉진에 관한 법률’이 마련됐음에도 기업들이 좀처럼 장애인을 고용하지 않고 있다고요. 모든 회사에게 고용보조금을 줄 수는 없지만, 조건을 만족하는 기업이 공장을 신설할 때에는 국가가 그 비용을 전액 빌려준다는 내용이었지요.”

조건은 까다로웠다.

“전 직원의 50퍼센트 이상이 장애인일 것, 그 고용된 장애인 중 절반은 중증장애인일 것, 또한 융자한 자금은 4.7퍼센트 금리에 20년 내 상환할 것이었습니다.”

전화한 담당자는 이렇게 덧붙였다.

"신체장애인 고용 공장을 설립하겠다는 신청은 전국에서 쏟아지고 있지만, 지적장애인을 고용하겠다는 기업은 없습니다. 지적장애인 모델공장 신청은 한 건도 없고요. 국가적으로도 지적장애인 모델공장이 필요합니다. 일본이화학공업은 노동장관이 시찰한 곳이니까 꼭 한 번 검토 부탁드립니다."

오야마 회장은 1965년 당시 이시다 히로히데 노동장관이 시찰 왔을 때를 떠올렸다.

공장 이전과 신설을 생각하고 있던 참에 걸려온 그 전화에 오야마 회장은 이미 마음이 움직이고 있었다. 원래 일본이화학공업이 있던 오타 구에 새 공장을 만들기 위해 오야마 회장은 당시 미노베 도지사와 상담을 했지만 그는 '오타 구에 복지공장을 건설할 예정'이라며 부지와 융자 협력을 거절했다.

"그래서 어쩔 수 없이 다마가와 옆에 있는 가와사키 시에 상담을 받으러 갔습니다. 그러자 당시 시장이었던 이토 사부로가 자신의 지역으로 오라며 흔쾌히 승낙을 해줬습니다. 장애인도 행정기관에서 만든 복지시설에서 일하는 것보다 민간회사에서 일하는 편이 훨씬 보람을 느낄 거라고 말하면서 자금 융통과 행정을 돕겠다고 했지요. 그리고 부지도 알아봐 주겠다고 하더군요. 나는 서둘러 이전을 결심했고, 그렇게 해서 가와사키 공장이 개설됐습니다."

장애인 고용보조금 지원이 만들어지기 4년 전의 일이었다. 심신장애인 다수고용 모델공장 설립에 대한 융자제도와 노동성의 후원으로 만들어진 가와사키 공장. 국가에 1억 2천만 엔을 빌려서 건설

한 가와사키 신 공장은 1975년에 완성됐다.

"가와사키 공장은 노동성과의 약속대로 직원의 50퍼센트가 지적장애인이고 그중 절반은 중증 지적장애인이라는 체제로 시작했습니다."

신 공장을 위한 운전자금은 융자에 의지할 수밖에 없었다. 오랫동안 거래해온 신용금고에 융자를 의뢰했지만 단번에 거절당했다. 그 무렵 갑자기 찾아온 당시 미쓰비시 은행의 젊은 직원에게 모델공장과 국가 융자에 대해 이야기하자 그는 지점에 돌아가 상의해본 뒤에 연락을 해주겠다고 약속했다.

"미쓰비시 은행은 작은 분필 공장이 도전하는 장애인 모델공장 설립을 칭찬하며 융자를 결심해주었습니다. 나는 미쓰비시 은행이 미쓰비시도쿄UFJ 은행으로 바뀐 지금도 계속해서 주거래 은행으로 거래하고 있습니다. 이 모든 것이 내가 사람과의 만남을 소중히 한 증거라고 생각합니다."

차별과 구별이 없는 일본이화학공업에는 일체감이 형성되었고, 새로 건설된 가와사키 공장은 활기를 띠었다. 경영을 책임지는 오야마 회장과 공장 라인제조와 상품개발을 담당하는 남동생 아키라를 필두로 하여 베테랑 직원들이 만들어낸, 지적장애인을 위한 공장 개혁은 혁명적이었다.

"도움을 받는 사람에서 기업을 이끄는 노동자로, 지적장애인 직원들을 위해 그들이 이해할 수 있는 일의 절차를 신중하고 정밀하게 고안해갔습니다."

파란불이 켜지면 길을 건너고 빨간불로 바뀌면 멈춰야 한다는 신호등의 원리를 잘 이해하고 있는 직원들의 모습을 본 오야마 회장은 색 맞추기라는 분필 제조공정을 생각해냈다.

"장애인 직원들은 신호를 지키면서 역부터 회사까지 무사히 걸어왔습니다. 그들도 색을 식별해서 인식한다는 것을 발견했고, 어쩌면 그것이 작업의 열쇠가 될지도 모른다고 생각했지요."

장애인 훈련 제도인 작업코치 지원은 없었지만, 이 색 맞추기 작업을 시작으로 많은 공정에서 개혁이 일어났고 그 결과 장애인이 제일선 노동자가 되는 방법을 확립할 수 있었다. 월급도 최저임금을 계속해서 유지했다. 20년 만에 융자금을 전부 상환한 일본이화학공업은 국내 분필 업계 점유율 50퍼센트를 뛰어넘는 독보적인 회사가 되었다.

게다가 2008년에 무라카미 류와 고이케 에이코가 진행을 맡은 TV 방송 〈캄브리아 궁전〉에 오야마 회장이 출연하면서 일본이화학공업은 많은 사람들에게 알려졌다.

"무라카미 류가 '오야마 회장은 사람을 위해 일하고 있습니다. 사람에게 던진 행복이 부메랑이 되어 오야마 회장에게 되돌아온 것 같습니다.'라고 말해줬어요. 정말 기뻤습니다. 어려울 때에는 주변 사람들이 항상 손을 내밀어 줬습니다. 많은 사람들이 도와준 덕분에 지금의 일본이화학공업이 있을 수 있었습니다."

도움을 줄 때 행복을 느끼는 '공감뇌'의 증명

일본이화학공업에는 매일 견학생이 찾아온다. 그 견학생들의 목소리는 오야마 회장의 '일하는 행복'의 근원이 됐다.

오야마 회장에게 커다란 깨달음을 준 이는 초등학교 5학년 소년이었다.

"유명 사립 초등학교에 다니는 5학년 남학생이 어머니와 함께 공장에 견학을 온 적이 있었습니다. 때마침 시간이 난 내가 분필 만드는 공정을 안내했지요. 초등학생 남자아이에게 장애인 고용에 대해 설명해도 이해하지 못할 거라는 생각에 공장을 다 안내한 후에 이렇게 말했습니다. '여기에는 너같이 우수한 학교에 다니는 사람은 아무도 없어. 장애가 있어서 글씨도, 숫자도 읽지 못하지만 그들이 이렇게 열심히 일을 해준 덕분에 우리 회사가 성공할 수 있었단다. 회장인 나도 저 사람들에게 매일 많은 도움을 받고 있지.' 그 아이는 놀라서 나를 쳐다봤어요. 어머니와 소년은 몇 번이나 고맙다고 말한 후 돌아갔지요."

그러고 나서 2주 정도 지난 후에 그 소년에게서 편지가 도착했다.

"그 편지를 읽으면서 나는 깊은 감명을 받았습니다."

편지지에는 이렇게 적혀 있었다.

신은 모든 사람에게 도움을 주는 능력을 주셨다고 해요. 넓은 판에 분필을 올려놓는 일은 매우 어려워서 나는 하지 못할 거예요.
나는 앞으로 공부를 열심히 해서 다른 것으로 주변 사람들에게 도움을 주고 싶어요.
견학시켜 주셔서 감사합니다.

소년의 감상을 읽은 오야마 회장은 자신에게 있어서 소중한 두 가지를 떠올렸다.

"첫 번째는 도호 대학 의학부 명예교수 아리타 히데호 선생이 집필한 저서를 통해 알게 된 '공감뇌'라는 말이었습니다. 아리타 선생은 저서에 '사람은 모두 누군가에게 도움이 됐을 때에 기쁨을 느낀다. 모든 사람은 공감하는 뇌, 즉 공감뇌를 가지고 있기 때문이다.' 라고 썼지요."

사람은 모두 인정받고 칭찬받을 때 삶의 보람과 기쁨을 느낀다는 사실을 그 소년이 다시 일깨워 주었다.

"우리 직원들도 일을 잘해서 관리인이 칭찬을 해주면 그것이 기쁨과 삶의 보람으로 이어져서 더욱더 열심히 일을 해줍니다. 인간의 궁극적인 행복인 '도움을 주고 필요한 존재가 되었을 때 느끼는 행복'은 공감뇌 때문이 아닐까 생각합니다."

그리고 또 하나의 소중함은《재팬 타임즈》에 기사를 쓰기 위해 취재를 온 헝가리 여성 기자의 말이었다.

"그 기자는 유럽의 취업 사정을 나에게 말해주었습니다. 유럽에는 종업원을 채용할 때 정해진 매뉴얼이 있고, 글씨를 읽을 수 없는 사람은 고용대상에서 제외가 된다고 합니다. 그러나 일본이화학공업은 중증 지적장애인을 채용하고 있고, 게다가 그들이 기업의 제일선 노동자가 되었다며 놀라워했지요. 일본이화학공업이 그렇게 할 수 있었던 이유를 기사로 쓰고 싶다며 나에게 인터뷰를 요청했는데, 인터뷰가 끝난 뒤에 기자가 나에게 이렇게 말했습니다. '일본의 중소기업은 훌륭한 장인 문화를 가지고 있다.'라고요."

놀란 오야마 회장은 거기서 또 하나의 깨달음을 얻었다.

"일본의 장인은 정교한 기술과 정밀도를 빠짐없이 전하기 위해 상세히 일을 가르쳐줍니다. 경우에 따라서는 하나하나 친절하게 직접 기술을 전수하기도 하지요. 우리 회사의 지도법이 헝가리 기자에게는 '장인 문화'처럼 보였나 봅니다."

중소기업이 중증장애를 가진 사람들에게 일을 가르쳐줄 때 장인 문화는 비로소 빛을 발한다.

"그것이 가능하면 조금 더 많은 장애인을 고용할 수 있고, 그들은 세상에 필요한 사회인으로 자랄 수 있을 겁니다. 나는 지금도 그 마음을 간직하고 있고 일본이화학공업이 그 선두에 서기를 바라고 있습니다."

복지란 무엇일까, '함께 일하는 사회'의 실현

지적장애인을 고용하고 여러 만남을 거치면서 오야마 회장은 '복지란 무엇일까?'를 생각하게 됐다.

"복지는 꼭 필요합니다. 동시에 지금의 복지 방법이 옳은지, 이것으로 정말 괜찮은지 곰곰이 생각해봐야 하지요."

일생을 복지시설에서 보내는 것이 아니라 사회에 나와 일하는 행복이 무엇인지 아는 인생이 필요하다, 일본이화학공업을 경영하는 나날 속에서 오야마 회장은 그러한 생각을 굳혔다.

"어느 날 복지라는 한자를 각각 사전으로 찾아본 적이 있습니다. 복(福)과 지(祉). 두 글자 모두 '보일 시(礻)' 변이 붙는데, 이것은 신이 인간에게 행복을 줬다는 것을 의미한다고 쓰여 있었습니다. '복'이라는 글자는 '신이 인간에게 음식을 먹을 수 있는 행복'을 주었다는 것을 의미하고, '지'라는 글자는 '신이 인간의 마음에 들어와 행복을 주었다'는 것을 의미한다고 합니다. 인간에게는 물건에 자유로운 행복과 마음이 풍족해지는 행복, 이 두 가지가 필요합니다."

오야마 회장은 이따금 대학 시절에 법학부에서 공부한 헌법 제27조의 조문을 떠올린다고 한다.

모든 국민은 근로의 권리를 가지며 의무를 진다.

"이 한 문장 안에는, 국민은 일할 권리가 있는 동시에 그 의무를 받아야 한다는 의미가 담겨 있습니다. '모든' 국민이기 때문에 비장애인도, 장애인도 포함되지요. 모든 사람에게는 일할 권리와 의무가 있습니다. 장애인이라는 이유로 그 의무를 쉽게 다할 수 없다면 그들에게 할 수 있는 환경과 방식을 만들어줘야 합니다. 그렇게 할 수 있다는 것을 일본이화학공업이 소소하게나마 증명해냈지요."

오야마 회장은 헌법 제27조 '모든 국민은 근로의 권리를 가지며 의무를 진다.'를 회사 경영이념 '함께 일하는 사회'로 구현하려 한다.

"테레사 수녀도 '인간으로서 가장 불행한 사람은 아무도 필요로 하지 않는 사람이다.'라고 말했습니다. 그것은 즉, 누군가가 필요로 하면 행복해질 수 있다는 뜻이지요. 장애가 있어도 사회나 기업에 필요한 사람이 될 수 있습니다. 사람은 일을 해야 행복을 느낄 수 있습니다. '함께 일하는 사회'를 실현하는 것이 내 인생의 목적입니다."

시부사와 에이이치 상 수상

2009년, 오야마 회장은 시부사와 에이이치 상을 수상했다. 이 상은 많은 기업을 설립하고 육성한 한편 복지와 교육과 같은 사회사업에도 전력을 다한 시부사와 에이이치의 일생과 공적을 기리며, 그의 정신을 이어받은 기업 경영자에게 주는 상이다.

그 수상 이유를 듣고 오야마 회장은 깜짝 놀랐다고 한다.

"일본이화학공업은 중증 지적장애인을 다수 고용하고 있고, 게다가 50년 가까이나 고용을 지속하고 있지요. 만약 그 사람들이 20세부터 60세까지 40년 동안 시설에서 지낸다고 가정해보면, 시설 직원과 의사의 인건비까지 포함하여 장애인 한 사람에게 들어가는 비용은 아마 2억 엔 정도가 될 것입니다. 그러나 우리 회사에는 15세부터 근무한 사람도 있고 60세 정년을 넘긴 사람도 다섯 명이나 있습니다. 즉 우리 회사가 세금 10억 엔만큼의 역할을 했다고 할 수 있습니다. 시부사와 에이이치 상은 오랫동안 장애인을 고용한 것뿐만 아니라 그 고용이 가져온 절세의 가치 또한 평가된 것입니다. 생각도 하지 못한 이유였기 때문에 정말 놀랍고 감격스러웠지요. 그러한 것은 미처 생각지도 못했습니다."

오야마 회장은 시부사와 에이이치 상 수상과 그 이유를 통해 '함께 일하는 사회'가 중소기업의 활로를 펼쳐줄 수 있다고 확신했다.

"함께 일하는 사회는 모두에게 득이 되는, 즉 행복해질 수 있는 사회입니다. 고령자도, 장애인도, 몸이 아픈 사람도, 미혼모도, 미혼부도 환경과 조건이 개선되면 일해서 번 돈으로 가족을 행복하게 만들어줄 수 있고, 일을 하면서 누군가에게 도움을 주는 행복을 느낄 수 있을 것입니다."

경영자로서 제품생산과 시장확대에 힘쓰고 고용에 대해 고심하며, 국가의 모델공장 사업에 도전하고 업계 최고 점유율을 올린 오야마 회장에게 그 길은 불가능이 아니었다.

"이를테면 국가가 복지시설에서 장애인을 간호한다고 하면, 이것은 내가 시부사와 에이이치 상을 수상한 2009년의 이야기지만, 장애인 한 명을 간호하는 데 드는 비용은 연간 500만 엔입니다. 하지만 기업에게 연간 150만 엔의 보조금을 주고 장애인을 독립시킨다면 국가는 350만 엔의 세금을 절약할 수 있습니다. 그 세금으로 지방도시를 살리는 것도 가능합니다. 기업은 장애인에게 기술훈련을 시키면서 정규 노동력과 이익을 낳는 사람으로 키울 수 있을 겁니다. 또한 노동하는 장애인은 회사에 공헌하면서 스스로도 일하는 기쁨을 얻을 수 있을 거고요. 게다가 매월 12~13만 엔 정도의 급여를 받으면서 자립할 수 있고, 그룹홈에 들어갈 수도 있습니다. 이것으로 고령이 되어가는 부모의 부담은 줄어들겠지요. 그룹홈의 비용은

약 6~7만 엔 정도지만, 일을 하면 그것을 지불해도 월급이 절반 정도 남으니까 생활면에서도 부모에게 손을 벌릴 필요가 없을 겁니다. 장애인 자녀를 둔 부모의 눈물과 고충은 이루 말할 수 없습니다. 이렇게 되면 그 부모들도 이런저런 걱정에서 해방되어 안심할 수 있게 되겠지요. 복지시설도 '생활'과 '일' 양방향 모두를 보살펴 주기는 하지만, 중소기업이 장인 문화를 적극적으로 활용해 '일'만이라도 도운다면 중증장애인은 지역에서 자립할 수 있게 되어 복지시설의 부담도 줄어들 것입니다. 이것이 '함께 일하는 사회'를 실현하는 '일거오득'의 구도입니다."

국가, 회사, 장애인, 그 가족, 복지시설 직원, 모두가 행복해지는 '일거오득'. 오야마 회장은 이를 계속해서 실현해나갈 것이다.

PART V

장애인과 그 가족이 살아가는 길

장애인 고용 1기수 하야시 히사코

햇살이 내리쬐는 오후, 그 사람은 도로 한가운데서 있었다. 청바지에 갈색 니트 스웨터를 입고 샌들을 신은 그녀는 활짝 미소 짓고는 고개를 살짝 기울이며 부끄러운 듯이 인사했다. 짧게 자른 머리카락은 회색으로 물들어 그녀가 더 이상 소녀가 아니라는 사실을 알려줬지만, 그 모습은 생기발랄한 여학생처럼 보였다.

"안녕하세요?"

인사를 하자 거듭 밝은 목소리가 되돌아왔다.

"네, 안녕하세요?"

도쿄 도 나카노 구. 도로 앞에 멋진 집 한 채가 있었다. 우리는 현관을 향해 걸어갔다. 그녀의 이름은 하야시 히사코. 1944년에 태어난 그녀는 일본이화학공업이 처음으로 고용한 지적장애인이다.

나는 히사코의 방으로 들어갔다. 잘 정돈된 그 방에서 히사코와 그녀의 남동생인 에쓰오, 에쓰오의 아내이자 히사코의 올케인 노리코, 히사코의 올케언니인 가즈코가 모여 이야기를 해주었다.

1959년에 "일을 경험하게 해주십시오."라고 말한 당시 양호학교 선생님의 열의 덕에 히사코는 오타 구 유키가야의 일본이화학공업 분필 공장에서 2주간 실습을 할 수 있었다. 그때를 기억하는지 묻자 히사코는 주저 없이 대답했다.

"물론 기억해요. 뚜렷하게요. 1959년 단 2주 동안만 실습을 하기로 하고 분필 공장에 처음으로 갔어요. 그때 나는 열다섯 살이었지요. 그때부터 68세까지 그곳에서 계속 일했어요."

히사코는 언어 이해력이 좋아 내가 묻는 말에도 활달하게 대답할 수 있었다.

"실습을 해보고 일을 더 하고 싶다는 생각이 들었나요?"

"처음에는 잘 몰랐어요. 그곳에서 일할 거라고는 생각하지도 못했고요. 역시 우리를 싫어해서 실습을 시켜주지 않을 줄 알았어요. 그런데 정말 좋은 회장님이었어요. 그때는 아직 전무님이었지만요."

히사코는 오야마 전무의 따뜻한 마음이 정말 좋았다고 미소 지었다.

"정말 좋은 사람이에요. 착하고, 뭐랄까…… 친절한 사람이랄까."

"2주간의 실습은 재밌었나요?"

"네, 재미있었어요. 실습이 끝났을 때에는 사람들이 우리가 계속 여기서 일했으면 좋겠다고 말했어요. 나도 계속 일하고 싶었어요."

그 바람대로 히사코는 60세 정년을 맞이한 후에도 근무를 연장했고 2008년 말에는 근속 50년 표창을 받았다. 일본이화학공업에서 이 표창을 받은 사람은 오야마 회장과 히사코 둘뿐이었다.

2012년 9월, 당시 100세였던 어머니를 간호하기 위해 퇴직한 히사코는 현재 남동생인 에쓰오의 집과 복도로 이어진 집의 2층에 살고 있었다. 1층에는 오빠 가즈오와 올케언니 가즈코가 살고 있고, 식사는 다 같이 먹는다고 했다.

히사코의 올케인 노리코는 인터뷰에 대답하는 히사코 옆에서 이렇게 말했다.

"시누이가 퇴직할 때 일본이화학공업 근처에 있는 후타코신치 역에서 회사까지 걸어가 보았어요. 그녀가 53년 동안 1킬로미터가 조금 넘는 다마가와 강변을 매일 걸었을 생각을 하니 가슴이 벅차올랐죠."

오야마 회장도 히사코와 같은 지적장애인 직원들이 매일같이 공장으로 오는 모습에 감동을 받았다고 몇 번이나 말했다.

히사코가 정직원이 된 것은 실습을 한 이듬해인 1960년이었다.

시골 분필 공장이 이윽고 가와사키 시의 도움으로 장애인 고용 모델공장이 되고, 그들에게 일하는 기쁨을 주는 기업이 될 수 있었던 계기를 만들어준 히사코는 일본이화학공업에 있어서 전설 같은 인물이었다.

공장과 사무실에서도 밝은 행동으로 주변 사람들을 웃게 했던 그녀는 일본이화학공업의 일을 사랑했다. 일할 수 없을 거라고 생각한 그녀가 집 외에 직장이라는 소속집단을 갖게 되고, 가족 이외에 고용주와 동료라는 친구를 갖게 되었다.

히사코는 회사에 대한 생각을 말했다.

"공장이 지금 있는 곳이 아니라 오타 구에 있을 때였어요. 처음에는 스티커를 붙였어요. 그러고 나서 상자를 접었고요. 그 후 분필 라인에서 작업을 했지요. 압출도 한 적이 있고 절단도 했어요. 우리는 하루에 분필 300개를 만드는 게 목표였지만, 나는 350개나 400개를 혼자 만들었어요."

일하는 것도 재미있었지만, 회사 사람들과 나누는 대화도 재미있었다고 히사코는 회상했다.

"사람들과 얘기하고, 점심시간에 같이 노는 게 재밌었어요."

그러나 그뿐만이 아니었다. 히사코는 최고 선배라는 위치에서 후배들을 지도하기도 했다.

"새로 들어온 사람들은 아직 얼마 되지 않아서 어떻게 해야 되는지 몰랐어요. 그래서 내가 전부 가르쳐줬어요."

일본이화학공업의 분위기 메이커였던 히사코는 주변 사람들을 살뜰히 돌보고, 새로운 사람이 들어오면 웃는 얼굴로 말을 걸어주며 대화하기 편한 분위기를 만들어냈다.

작업시간만이 아니었다. 일본이화학공업은 레크리에이션이나 여행 등 직원들끼리 대화를 나눌 기회가 많았다. 그 시간은 직원들에게 큰 기쁨이었다.

"꽃놀이를 가고, 여행을 가고, 생일파티도 하고, 송년회를 했어요. 그것을 기다리며 일도 열심히 했지요."

히사코의 남동생 에쓰오가 말했다.

"나도 딱 한 번, 누나가 퇴직하기 전에 인사를 하기 위해 회사를 찾아간 적이 있었습니다. 그때 회사에서 직원을 표창하고 기념품을 나눠줬습니다. 정말 따뜻하고 가족적인 회사라는 걸 실감했습니다."

히사코가 근무한 50년 동안 가족들은 회사를 자주 방문하지는 않았다. 그것은 일본이화학공업을 마음속으로 믿었기 때문이다.

"고령의 어머니도 누나의 이야기를 듣고 딸이 즐거워해서 다행이라며 매일 안심하셨어요."

가정에서도, 회사에서도 밝게 지낸 히사코는 어떤 삶을 살았을까? 그 성실한 기질은 어떻게 만들어졌을까? 또한 가족은 그녀를 어떤 생각으로 응원해줬을까?

"여러 생각이 있었습니다. 그러나 히사코가 없는 가족은 생각할 수 없지요."

히사코의 취재를 위해 모인 가족은 오랫동안 가슴에 품은 생각들을 천천히 말해주었다.

하야시 집안의 이야기

히사코에게는 언니와 오빠, 남동생이 있다(언니는 이미 고인이 됐다). 히사코가 일본이화학공업에 다니기 시작할 무렵 히사코의 집은 요쓰야 3초메 근처에서 석재점을 운영하고 있었다.

장사가 잘된 덕분에 집안은 비교적 풍족했다고 남동생 에쓰오가 말했다.

"나가노 현 스와 시 출신이었던 아버지는 상경해서 요쓰야 3초메에 땅을 빌려 고향의 명물인 우뭇가사리 가게를 열었어요. 장사는 꽤 잘되었습니다. 긴자의 유명 가게에서 도매를 받았고, 그렇게 해서 번 돈으로 땅을 사서 그곳에서 살게 되었습니다. 그 후 아버지는 석재점을 시작했습니다. 공습도 있었지만 가업은 계속 이어나갔어요. 아버지도, 어머니도 매우 성실하신 분이었어요. 그 성격이 히사코 누나에게 그대로 이어진 것 같습니다."

집안일을 꾸려나간 히사코의 어머니 이에는 우라센케 다도회의 다도 선생이기도 했다.

"어머니는 기모노가 잘 어울리는 멋진 분이셨어요. 50년 동안 차를 공부했고, 다도 선생님으로서 많은 사람들에게 차를 가르쳐줬지요."

히사코의 올케언니인 가즈코는 이렇게 회상했다.

"대학에서 학생들을 가르치고 집에서도 다도회를 열었죠. 제자들을 정성껏 가르치는 어머님의 모습은 가족들에게 큰 자랑이었어요."

히사코는 부모님에게 어떤 가르침을 받았을까? 남동생 에쓰오는 아버지와 어머니의 의연한 태도를 잊을 수 없다고 말했다.

"부모님은 누나에게 지적장애가 있다는 말을 한 번도 꺼내지 않으셨어요. 그러나 일반 학교에 다닐 수 없다는 말을 숨기지도 않으셨지요. 당시는 지금보다도 훨씬 장애인을 따가운 시선으로 바라봤기 때문에 그 사실을 숨기는 사람도 많았지만, 아버지와 어머니는 항상 누나를 데리고 다녔습니다. 특히 어머니는 누나를 많이 사랑하셨고 집에 손님이 오면 반드시 누나를 소개해줬어요. 그런 생활이 있었기 때문에 누나가 일본이화학공업에 다닐 수 있었던 것 같습니다."

에쓰오는 이렇게 덧붙였다.

"어머니는 누나가 생활에 어려움을 겪지 않도록 혼자 해야 할 일을 끊임없이 가르쳐줬습니다. 요리나 빨래, 청소 등 일상생활에 필요한 것은 혼자 할 수 있도록 가르쳤지요. 누나도 점점 자신의 일은 혼자 할 수 있게 되었습니다."

가족은 함께 살아야 한다는 어머니의 바람대로 살고 있던 요쓰야의 땅을 처분하고 신주쿠에 땅을 사서 맨션을 지었다. 그 후 노후화된 맨션을 떠나 나가노에 집 두 채를 지어 대가족이 모여 살게 되었다.

히사코가 일본이화학공업에 근무하던 시절에는 가장 가까이에 있는 올케언니 가즈코가 매일 아침 그녀의 출근을 도왔다.

"히사코는 매일 아침 5시에 일어나 준비를 하고 쉬는 날도 없이 회사를 나갔어요."

히사코가 맞장구를 쳤다.

"네, 맞아요. 아침 일찍 5시에 일어나서 6시 10분에는 집을 나와 전철을 탔어요. 아침은 혼자 밥을 만들어서 먹고 갔어요."

일본이화학공업의 일을 매우 좋아했던 히사코가 퇴사를 결심한 것은 어머니 이에의 병간호 때문이었다. 102세에 운명을 다한 어머니에게 헌신하는 누나의 모습에 동생 에쓰오는 매우 감동했다고 한다.

"어머니는 노환으로 돌아가셨지만, 마지막에는 일어나 화장실에 가는 데에만 한 시간 정도가 걸렸습니다. 누나는 하루 종일 옆에서 그런 어머니를 돌봐 줬지요. 그때는 어머니도 말이 험해지시고 자주 신경질을 내곤 하셨는데도요."

에쓰오의 말에 히사코도 당시를 떠올렸다.

"다리가 아프다, 무릎이 아프다, 어깨를 주물러라, 그런 말을 했어요. 목욕할 때에는 같이 탕에 들어가 씻겨줬고, 화장실에도 같이 갔어요. 그런 것도 전부 내가 했어요."

히사코는 잠시 눈을 감았다가 어머니가 돌아가시기 전에 같이 찍었다는 사진 한 장을 보여주었다. 100세 생일을 축하하며 신주쿠 구청장이 방문했을 때의 기념사진이었다. "내가 제일 좋아하는 사진,

어머니와 내가 마지막으로 찍은 사진이에요."라고 말한 히사코에게는 여전히 응원을 해주고 있는 어머니의 모습이 보이는 듯했다.

히사코가 60세를 넘긴 무렵의 일이었다. 갑자기 현기증과 구역질을 느낀 그녀는 회사 근처에 있는 병원으로 옮겨졌다. 그때 92세였던 어머니 이에는 히사코의 올케와 함께 병원을 찾아갔다. 히사코가 쓰러졌다는 연락을 받고 "나도 가야겠다." 하며 일어나 전철을 타고 병원으로 달려간 것이다. 가즈코가 당시를 회상했다.

"어머님은 집에서 기다리고 계시라고 말씀드렸지만 내 말을 듣지 않으셨어요. 히사코가 일하고 있는 것을 진심으로 기뻐하셨지만 동시에 항상 이런저런 생각과 걱정도 많으셨죠. 자신의 죽음을 생각하셨던 것 같아요."

히사코도 당시를 선명하게 기억하고 있었다.

"정말 기뻤어요. 설마 어머니가 병원에 올 거라고는 생각도 하지 못했으니까요."

70대가 된 히사코였지만, 인생에서 가장 가까운 사람이 죽었다는 슬픔은 가슴속에 깊이 새겨졌다.

"그러나 지금은 가족 모두가 옆에 있으니까 외롭지 않아요. 설날에는 모두 모여서 즐겁게 지내요."

하야시 집안에는 매년 연말 28일에 다 같이 모여 떡을 만들어 먹는 전통이 있었다. 그 전통은 반세기에 걸쳐서 지속되었다. 가족과 친척들이 모두 모여 떡을 만들려면 절구가 다섯 개나 필요하다고 했다.

"파이팅해서 하고 있어요!"

히사코가 즐거운 듯이 말했다.

우선 가가미모치*를 만들고 그것이 끝나면 명절음식을 만든다. 히사코는 김초밥 담당이라고 했다.

"커다란 테이블 세 개에 음식들을 다 올려놓지요. 시어머님이 살아계셨을 때에는 명절음식을 정성껏 많이 만들었어요. 손님도 많았고 우리 아들과 친구들도 많이 왔지요. 현관이 신발로 가득 찰 정도로요. 히사코는 항상 사람들이 모인 한가운데에 앉아 있었어요. 아이들과 놀아주면서요."

히사코에게 따뜻한 시선을 보내는 노리코의 웃는 얼굴을 보면서 에쓰오가 조용히 입을 열었다.

"부모님이 남겨주신 것도 있고 나도 아직 건강하게 일하고 있기 때문에 우리는 어려움 없이 생활하고 있어요. 누나가 열심히 일해준 덕분이기도 하고요. 누나는 일하고 싶지 않다고 말한 적이 한 번도 없어요. 회사 또한 누나에게 잘해줬지요. 그렇기 때문에 안심했습니다. 이를테면 도쿄 대지진이 일어났을 때에도 매우 혼잡한 가운데 사장님이 자동차로 누나를 집까지 데려다주셨습니다. 그러한 것 때문에 우리 가족들도 안심할 수 있었어요. 60세로 정년이 되었지만 위탁근무로 연장도 해주었어요. 65세가 됐을 때에는 이제 일을 줄여도 좋다고 말해줬지요. 일본이화학공업에는 정년 후에도 희망자에게 일을 주는 위탁근무제가 있어요. 만약 어머니를 돌보지 않았더라면 누나는 아마 70세까지 근무했을 겁니다."

---

* 떡을 신불에게 바치는 정월 장식. —옮긴이

이 제도는 1기수라고 말할 수 있는 히사코를 회사가 인정해준 결과였다. “일은 아직 할 수 있고, 오히려 더 하고 싶어 한다. 그러니까 위탁근무 제도를 만들자.”라고 오야마 회장은 반복적으로 말했다.

“오야마 회장님의 배려와 경영자로서의 신념 덕분에 지금의 누나의 삶이 있다고 생각합니다. 오야마 회장님을 만날 수 있었던 누나와 우리 가족들은 정말 축복받은 거나 다름없지요.”

감사할 따름이라고 말하는 에쓰오. 그러나 가슴 깊숙한 곳에는 히사코의 남동생이자 부모를 대신하는 보호자로 살아가는 것에 대한 걱정도 있었다.

“부모님이 누나의 장애에 대해 한 번도 말하지 않은 것은, 그것을 받아들이고 살아가라는 표시이자 결의 같은 것이었습니다. 게다가 우리 가족은 그것에 의문을 갖거나 괴로워한 적은 없었어요. 내가 중학생, 고등학생이었을 무렵에는 누나가 지적장애인이라는 현실에 괴로워한 적도 물론 있었습니다. 전혀 없었다고 하면 그건 거짓말이겠지요. 미래를 생각하면 마음이 복잡해지기도 했지만, 그것을 입 밖으로 내뱉은 적은 없습니다. 성장하면서 언젠가 부모님이 돌아가시면 누나는 내가 책임져야 한다고 자연스럽게 생각하게 됐지요. 오히려 누나가 있어서 우리 가족은 보다 단단해졌습니다.”

그러나 하야시 일가는 서서히 불안과 직면해야 했다. 결혼하고 자신의 가족을 꾸릴 시기가 되자 말로는 표현할 수 없는 근심과 괴로움이 자라났다.

가족으로 살아갈 각오

히사코의 오빠 가즈오와 결혼한 가즈코는 히사코를 진심으로 여동생처럼 대해주었다. 두 사람은 허물없는 사이였다.

"우리 친정식구들보다 더 오래 같이 지냈기 때문에 히사코가 이 집에 없다는 것은 생각할 수도 없어요. 서로 나이가 들어 죽음이 갈라놔도 마지막까지 이 집에서 함께 지낼 거예요."

가즈코는 처음 히사코를 만났을 때를 기억하고 있었다.

"남편과 결혼하게 되어 집에 처음 인사 갔을 때 만났어요. 그때는 히사코에게 장애가 있다는 것은 알지 못했어요. 그 사실은 결혼하고 나서 알았지요. 그러나 딱히 관계가 바뀌지는 않았어요. 막 임신했을 때에는 마음속으로 여러 가지 생각이 들기는 했지만요."

노리코는 형님인 가즈코의 말에 크게 고개를 끄덕였다.

"히사코와 하야시 집안의 가족들은 모두 좋은 사람들이기 때문에 누구의 탓은 아니지요. 다만 아이를 가졌을 때만은 어렵고 힘들었어요."

남동생인 에쓰오도 그것에 대해서는 깊이 공감했다.

"형도 그랬지만, 나도 아내에게 아무 말 하지 않고 결혼을 했습니다. 아내는 결혼하고 나서 누나의 장애를 알게 됐습니다. 그렇기 때문에 속은 기분도 들었을 겁니다. 그러나 한 집에 같이 살면서 무언가 해야만 할 것 같다는 생각이 들었다고 합니다."

노리코는 솔직한 속마음을 털어놓았다.

"조용히 넘어가겠다는 마음은 없었어요. 나는 스물세 살에 결혼해 하야시 집안에 들어왔지요. 시누이의 모습을 보고는 마음속으로 '왜 알리지 않았지? 이건 이야기가 조금 다르잖아.'라고 생각한 때도 있었어요."

역시 태어날 아이를 생각하면 각오가 필요했다고 한다. 노리코는 새 생명을 얻은 최고의 순간 두려움을 느껴야 했던 당시의 상황을 잊을 수 없다고 말했다.

"물론 아무 일도 일어나지 않았지만, 만약 시누이와 같은 장애아를 낳으면 어쩌나 두려웠어요. 그렇게 몰려드는 생각은 어떻게 할 수가 없었지요."

노리코는 아들을 임신했을 때 뜻하지 않은 어려움에 직면했다.

"임신 초기에 문제가 생겼죠. 열이 40도가 넘은 날이 며칠 동안 이어졌어요. 이대로 있으면 죽을지도 모른다는 생각에 해열제 주사를 맞고 약도 많이 먹게 됐지요. 그때 의사는 약은 태아에게도 영향을 미치니까 임신중절을 생각해보라고 했어요. 100세를 넘기고 떠나신 시어머니도 당시 저에게 아이를 포기하라고 말씀하셨죠. 어머님은 나에게 아무 말씀도 안 하셨지만, 자신처럼 장애아를 낳을지도 모른다고 걱정하고 계셨어요."

중절수술 날도 정해졌지만 에쓰오와 노리코는 고민하며 많은 대화를 나눴다.

"그 결과 아이를 낳기로 결심했어요. 시어머니에게도 아이를 낳겠다고 말씀드렸죠. 도저히 아이를 지울 수가 없다고, 어떤 일이 일어나든지 받아들이겠다고요. 어쨌든 나에게 온 생명이니까요. 어떤 일이 있어도 받아들이자고 남편과 이야기했어요. 한편 시누이의 삶을 보면서 각오도 다질 수 있었지요. 지금 생각해보면 그런 마음이 어디에서 생겼는지는 모르겠어요. 그러나 그것으로 하야시 집안의 일원이 되었다는 것을 실감했지요."

올케언니 가즈코도 같은 생각이었다.

"시아버지와 시어머니는 정말 열심히 사셨어요. 히사코를 생각하고, 가족이 하나가 될 수 있도록 신경 쓰고 배려를 잊지 않으셨지요. 시집온 우리를 딸처럼 대해주셨어요. 이윽고 시아버지와 시어머니의 마음을 우리도 알 수 있게 됐지요. 히사코의 장애는 죄와 불행이 아니라는 것을요. 그 인생도 보통의 일상이라는 것을요."

가즈코와 노리코의 아이들에게서 장애는 보이지 않았다. 그러나 하야시 집안에는 지금도 가족을 맞이할 때 '걱정'이 있는 것도 사실이었다.

"시누이에게는 조카가 되지만, 모두 결혼할 때 갈등이 있었습니다. 형님의 장남은 결혼할 때 우리에게 약혼자를 데리고 와서 상담을 했지요. 아버지, 어머니에게는 아직 말하지 않았지만 우리가 아이를 가져도 될지 모르겠다고 고민을 털어놨어요."

노리코는 자신의 경험을 이야기해주며 조카와 그의 아내가 될 사람의 등을 두드려주었다.

"나는 괜찮다고 두 사람을 다독여줬어요. 그런 불안감은 누구나 가질 수 있다고 말했지요. 만약 장애가 있는 아이를 낳았다면 그것은 그때 가서 생각하면 된다고 했어요. 하야시 집안은 시누이를 중심으로 손을 맞잡을 수 있으니까 걱정하지 말라고 말해줬지요."

가족은 이 문제에 대해서 얼굴을 맞대고 대화한 적은 없었다. 그러나 각각 자신들의 생각을 품고 있었다.

"직접 얘기하지는 않았지만, 우리 아들도 분명 결혼할 때에는 그런 망설임이 있었을 거예요. 결혼해서 아이를 낳고 싶은 젊은 사람들에게 무조건 괜찮다고 말하는 것이 조금은 무책임하게 들릴지도 모르지만, 장애인을 둔 가족은 많든 적든 괜찮다는 마음을 가슴에 품고 살아가요. 불안에 꺾이면 앞으로 나아갈 수 없잖아요. 만약 그런 상황이 닥치면 시누이를 키운 시아버지와 시어머니처럼 살면 된다고 생각했어요. 남편과 나는 시누이와 살면서 그런 생각을 가질 수 있게 됐지요."

에쓰오와 노리코의 아들은 어렸을 때부터 히사코와 친밀하게 지낸 덕분에 복지에 관심이 많다고 했다.

"아들은 고등학생이 되면서 복지에 관심을 갖기 시작했어요. 그 무렵 일본재단에서 봉사활동을 했지요. 우리가 강요한 적은 없어요. 자연스럽게 그렇게 됐어요. 아마 고모를 보고 자란 영향 때문일 거예요. 아들은 고모와 같은 사람들에게 친절을 베풀고 싶었대요. 역시 시누이의 영향을 많이 받은 아이지요."

아들은 봉사활동으로 알게 된 여성과 결혼했다.

일본이화학공업에 대한 변치 않는 감사

히사코가 50년을 일할 수 있었던 것은 가족들의 지원 덕분이었다. 그러나 히사코를 가까이에서 지켜본 올케언니 가즈코는 이렇게 말했다.

"오히려 그 반대예요. 히사코는 건강하고 무엇이라도 할 수 있었기 때문에 우리 가족들을 잘 이끌어줬어요. 히사코가 열심히 하고 있었기 때문에 나도 힘을 낼 수 있었어요. 조카들은 히사코를 잘 따랐고, 히사코도 그런 조카들을 매우 귀여워했어요. 이런 행복은 또 없을 거예요."

히사코의 웃는 얼굴을 보면서 남동생 에쓰오는 이렇게 말했다.

"장애인이 살아가기 위해서는 본인도 가족도 각오가 필요합니다. 금전적인 지원과 사회의 이해 그리고 친절함이 없으면 장애인은 살아갈 수가 없지요. 그러나 우리는 일본이화학공업이라는 회사와 오야마 야스히로라는 회장님을 만났습니다. 분필 회사를 경영하고 있는 오야마와 그 가족들은 연고도 없는 누나를 고용해줬고, 누나와 똑같은 처지에 있는 사람들에게 일할 곳을 마련해줬습니다. 이 만남이 없었다면 어머니도 안심하고 떠나지 못했을 것이고, 우리 가족의 인생도 크게 달라졌을 겁니다."

일본이화학공업의 철학이 일본 사회에 그대로 전해지길 바란다고 하야시 집안 사람들은 입을 모았다.

"히사코의 가족으로서, 가루가 날리지 않는 아름다운 분필을 만드는 일본이화학공업을 앞으로도 항상 응원할 겁니다."

가즈코의 눈에는 반짝이는 눈물이 고였고, 히사코도 뺨을 타고 흘러내리는 눈물을 닦아냈다.

"정말 좋은 회사. 정말 좋은 오야마 회장님. 지금도, 일하는 게 저는 참 좋아요."

맺으며

오야마 야스히로 회장이 하청사업에서 벗어나기 위해, 또 오야마 다카히사 사장에게 새로운 체제로 안정된 경영을 물려주기 위해 오랜 기간 연구개발한 끝에 탄생시킨 '키트파스'.

나에게 키트파스 탄생에 얽힌 이야기를 들려줄 때 그의 얼굴에선 환하게 빛이 났다.

"2005년에 처음 키트파스를 발매했지만, 사실 내가 만든 신제품이 이렇게까지 커질 거라고는 생각도 못 했습니다."

키트파스를 발매한 지 얼마 안 됐을 때에 오야마 회장은 가와사키 시에서 주최하는 '신제품 전시회'에 출전했다. 그곳에서 그는 키트파스의 가능성을 봤다고 한다.

"일본이화학공업의 부스는 전시회장 입구 근처에 있었고, 바로 옆에는 커다란 유리로 만든 칸막이가 있었지요. 한 모녀가 키트파스를 보러 왔습니다. 그 소녀가 나에게 '만져봐도 돼요?'라고 묻더군요. 나는 여기에 그림을 그려보라며 소녀를 유리 칸막이로 데리고 갔습니다. 종이나 칠판이 아닌 유리에 그림을 그리는 것을 주저하던 소녀는 잠시 뒤에 집중하며 칸막이에 그림을 그려나가더군요. 동그라미 선을 그리고 그것을 지우면서 계속해서 그림을 그렸어요. 어머니가 이제 가자며 손을 잡아끌어도 소녀는 키트파스를 꼭 잡은 채 가려고 하질 않았어요. 나는 그때 키트파스가 아이들에게 새로운 장난감이 될 수 있다는 것을 깨달았지요."

키트파스는 유아의 감각과 사고를 키워준다, 그렇게 확신한 오야마 회장은 키트파스를 더욱더 개선해서 어린이용 상품으로 완성시켰다. 2009년에 발매된 '키트파스 12색'이 그것이다.

키트파스는 새로운 유아용 교구다, 다카히사 사장에게도 이 방침이 전달되면서 키트파스 영업이 본격적으로 시작됐다. 같은 해 ISOT 일본문구대상 기능부분 그랑프리와 키즈디자인상 수상으로 키트파스는 업계에서 주목을 받기 시작했지만, 색연필도 크레파스도 분필도 아닌 신제품에 대한 이해와 인지도는 좀처럼 올라가지 않았다.

그때 등장한 사람이 오야마 회장의 장녀 마리였다. 회사를 떠난 후 시부사와 에이이치 상 수상으로 바빠진 오야마 회장을 돕기 위해 비서직을 자청했던 그녀는 키트파스 광고까지 담당했다.

현재 일본이화학공업의 사업 일부가 된 키트파스는 학교는 물론이고 유아교육현장, 간호현장, 그래픽디자이너와 화가들 사이에서 뜨거운 관심을 받고 있다. 실제로 전국의 상업시설과 유치원, 어린이집, 간호시설 등에서는 키트파스로 그린 작품이 빠지지 않고 나오고 있다.

나는 마리에게 말했다.

"일본이화학공업의 2층 창문에 그려진 선명한 그림과 모양에 시선을 빼앗겼어요."

그렇게 말하자 마리는 살짝 미소 지었다.

"매끈매끈한 소재에 그려도 발색이 좋은 이유는 다른 필기구나 미술재료에는 없는 특징 때문이에요. 지금은 그 훌륭한 특징에 아버지도, 나도, 남동생도, 그리고 직원들도 자신감을 가지고 있지만 발매 초기에는 고난의 연속이었습니다. 전혀 인지도가 없었기 때문에 판매가 좋지 않았어요."

그래서 마리는 아버지의 비서 일을 보는 동시에 키트파스 광고 활동을 시작했다고 한다.

"지금까지의 필기구나 미술재료와는 발색도, 사용방법도 다른 이 제품을 알리기 위해 문구점 등이 주최하는 실연회나 지인이 소개해 준 이벤트에 참가해서 키트파스의 사용법을 보여줬습니다."

그러나 마리 혼자만의 활동으로는 눈에 띄는 반응을 기대하긴 힘들었다.

"저 혼자 뛰어다니는 것만으로는 키트파스가 가진 가능성과 매력을 충분히 전달하기 어려웠어요. 그러나 매일 활동을 지속하자 서서히 반응이 바뀌기 시작했지요. 한 사람, 또 한 사람, 협력해주는 사람들이 나타났어요."

디자이너와 일러스트레이터 그리고 화가와 같은 아티스트들이 일본이화학공업의 철학에 공감하며 기꺼이 손을 내밀었다. 그들은 카페 유리창에 키트파스로 그림을 그리는 프로젝트를 계획하고 몇 개의 이벤트를 연출했다.

"키트파스의 매력을 알아봐 준 아티스트들과 작은 이벤트를 열었고, 그때마다 그것을 홈페이지에 올리면서 키트파스의 활용사례를 정성껏 만들어갔습니다."

절대 포기하지 않는 마음을 가진 마리에게 강력한 파트너가 나타났다. 가와사키 상점가 이벤트에서 반가운 목소리가 들려온 것이다. 일본 특정비영리활동법인(NPO법인) 히사시종합교육연구소의 미타니 아야코였다.

"미타니는 내가 혼자 활동하는 것을 알고 도와주겠다고 말했어요. 그러고 나서 6개월도 지나지 않아 키트파스 사용방법과 그 즐거움을 널리 알려주는 인스트럭터 제도를 만들어줬지요."

마리는 NPO법인 히사시종합교육연구소와 협동사업으로 '키트파스 아트 인스트럭터'를 설립했다.

"키트파스를 구입하고 써본 고객들은 사용법이 많고 재미있다며 큰 관심을 보여줬지요. 그 관심이 계기가 되어 키트파스를 많은 사람들에게 널리 알려주고 싶었어요. 키트파스는 유리창에 그리면 선명한 색이 나와요. 또한 물을 묻히면 수채화처럼 쓸 수도 있지요. 키트파스를 손에 쥐고 그릴 수 있는 것은 물론이고 녹여서 붓으로 그리거나 손도장이나 발도장을 찍는 잉크로도 활용할 수가 있어요. 키트파스는 하고 싶은 대로 사용하는 것이 가능하니까요."

'키트파스 아트 인스트럭터 제도'는 2013년 10월부터 시작됐다. 인증 인스트럭터가 전국 각지의 워크숍과 이벤트에서 키트파스를 알리고, 본사 인증 강사가 인스트럭터 육성강좌를 진행하고 있다.

"일본이화학공업이 지적장애인을 고용하는 철학에 공감한 어머니들이 주로 강좌를 듣고 있어요. 그녀들은 인증 인스트럭터가 되어 키트파스의 매력을 전해주고 있지요. 자녀를 다 성장시킨 어머니들, 또 아직 육아에 매진 중인 어머니들도 즐거워하면서 이 활동을 해주고 있답니다. 정말 고마운 분들이죠."

인스트럭터 육성강좌에서는 자유로운 그림이나 그래픽을 디자인하는 것은 물론이고 그림을 잘 그리지 못해도 가볍고 즐겁게 칠하는 그림이나 손도장 워크숍이 진행되고 있다. 인스트럭터의 수는 1천 명을 넘어 지금까지도 계속해서 늘어나고 있다.

그러한 사람들을 하나로 이어주는 것 역시 오야마 회장의 신념이었다. 마리는 이렇게 말했다.

"아버지가 사업의 중심으로 내건 '사람에게 도움을 주는 행복'이라는 생각이 그녀들에게도 전해진 것 같아요. 일본이화학공업에서 일하는 지적장애인들도 도움을 주는 행복을 전하고 있지요. 물론 키트파스도 누군가에게 도움을 주고 싶다는 마음으로 만들어졌어요. 인스트럭터가 된 많은 사람들은 키트파스를 사용하면서 그 마음을 널리 전하고 있답니다."

지금도 마리는 인스트럭터의 활약을 더욱 확대시키는 데 힘을 쏟고 있다. 기술을 향상시키기 위해 스터디클럽을 기획하거나 이벤트 개최를 하면서 NPO법인 히사시종합교육연구소의 '키트파스 아트 사무국'을 지원하고 있다.

마리의 권유로 육성강좌에 참석한 나는 인스트럭터를 지도하는 사람들과 함께 키트파스를 손에 들었다. 마리의 설명을 들으면서 키트파스를 손에 쥐고 그 즐거움을 만끽했다.

바쁜 일상과는 사뭇 다른 시간을 보낸 나는 키트파스의 매력에 사로잡혔다. 오야마 회장의 앞에서 유리창에 색을 칠하며 그림을 그렸던 그 소녀처럼.

그림을 그리면서 나는 오야마 회장의 말을 떠올렸다.

"나는 키트파스로 그린 그림과 글씨 그리고 디자인을 '낙(樂)서'라고 부릅니다. 다채로운 낙서가 있는 곳에는 사람들의 밝은 목소리와 웃는 얼굴이 있기 때문입니다. 그것을 만드는 사람은 매일 우리 공장에서 일하는 지적장애인 직원들이죠. 일본이화학공업에서 탄생한 감동과 인연, 많은 사람들에게 받은 감사의 마음을 조금이라도 알려주고 싶습니다. 그런 바람은 80세가 넘은 지금도 여전하지요."

이 책을 취재, 집필하면서 무엇보다 가슴이 아팠던 것은 2016년 7월 26일 새벽 가나가와 현 사가미하라 시에 있는 장애인 시설 '쓰구이 야마유리엔'에서 일어난 입소자 살상사건이었다. 46명이 칼에 찔리고, 그중 입소해 있던 지적장애인 19명이 희생당한 그 사건은 견딜 수 없는 생각과 낙담을 불러일으켰다. 그러나 동시에 이 사건은 일본이화학공업이라는 회사가 얼마나 귀중한지를 무언으로 보여줬다고 나는 생각한다.

일본이화학공업에는 함께 일하고 함께 살아간다는 기쁨이 넘쳐흐르고 있었다. 분필 하나하나에, 키트파스 하나하나에는 그곳에서 일하는 사람들의 노동과 인생이 담겨 있었다.

나는 더스트리스 초크와 키트파스가 많은 사람들에게 알려지길, 또한 그것을 사용하면서 이 책에서 만난 일하는 사람들의 생생한 모습을 상상해주길 바라고 있다.

어느 눈부신 봄날, 일본이화학공업의 반짝이는 창문에 새로운 그림이 그려졌다. 다채로운 선이 유리창에 가득했고, 해님과 사람의 웃는 얼굴, 꽃과 동물이 춤을 추고 있었다.

그림의 주인공은 그것을 그릴 때 느껴지는 키트파스의 감촉과 유리에 비치는 색을 보고 미소 지었다.

자신이 만든 그것이 얼마나 선명하고 상쾌하고 즐거운지, 선을 그을 때마다 확실하게 느낄 수 있었기 때문이다.

사람과 인연을 맺고 싶다, 사람을 배려하고 싶다, 사람에게 이해받고 싶다, 사람이 그립다, 사람으로서 살아온 증거를 새기고 싶다.

만약 이런 생각 때문에 초조해진다면, 일본이화학공업의 사옥 앞에 서서 말없이 2층 창문을 바라봐도 좋다.

그곳에는 일곱 빛깔 무지개가 담고 있는 희망이 있다. 사람을 생각하는 친절함이 있다. 일하는 행복을 아는 사람들의 등불이 있다.

옮긴이의 말

얼마 전 SNS에 한 장의 사진이 올라왔다. 장애인 특수학교 설립을 반대하는 지역주민 앞에 학부모들이 무릎을 꿇고 울고 있는 사진이었다. 특수학교 설립 반대 이유는 집값 때문이라는데, 그 학부모들의 마음은 얼마나 간절하고 비참했을지 애통하기 그지없었다.

나는 그 사진을 보고 이런 생각이 들었다. 만약 주민들의 반대 때문에 특수학교 설립이 무산된다면, 그들의 바람대로 집값은 떨어지지 않겠지만 그 모습을 옆에서 지켜본 지역주민의 자녀들은 과연 올곧은 생각을 가질 수 있을까.

그 사진과 기사를 보고 이전의 일 두 가지가 떠올랐다.

하나는 내가 중학생 때의 일이다. 학교를 마치고 친구네 집에 놀러 가던 중에 길에서 시끄럽게 싸우는 소리가 났었다. 물론 나와 내 친구는 사람들이 몰려 있는 곳으로 달려갔다. 그곳에는 아저씨 두 명이 싸우고 있었는데, 한 명은 일반인이고 다른 한 명은 언어장애인이었다. 싸움의 경위는 잘 모르겠으나 어쨌든 일반인 아저씨는 언어장애인 아저씨를 '벙어리'라는 말로 낮잡아 부르며 화를 내고 있었다. 어린 마음에도 눈살이 찌푸려지는 광경이었다.

또 하나는 내가 자주 다니던 커피숍에서 있었던 일이다. 그 커피숍에서는 지적장애인이 주문을 받고 있었다. 나는 지적장애인이든 일반인이든 내가 주문한 음료만 잘 나오면 된다고 생각했지만, 어떤 사람에게는 그게 아니었던 것 같다. 아무 잘못 없는 지적장애인 종업원에게 화를 내고 소리치고 심지어 욕을 하는 사람도 종종 있었다. 그러던 어느 날, 그 커피숍 유리창에는 글씨가 적힌 A4 용지 한 장이 붙어 있었다. 그 종이에는 이렇게 쓰여 있었다.

"이곳에서 주문을 받는 우리 아이는 지적장애인입니다. 만약 우리 아이가 무슨 잘못을 했다면 너그럽게 용서해주시고, 그렇지 않았다면 함부로 욕하지 말아주세요."

짧지만 강력한 이 말에 숙연한 마음이 들었다.

나는 개인주의 성향이 강해서 무조건 장애인을 도와야 한다거나 그들을 위해 봉사해야 한다는 마음은 없다.

그러나 나는 장애인도 사람이라고 생각한다. 그들에게 따뜻한 시선을 보내지는 않지만, 차가운 시선 또한 보내지 않는다. 나에게 있어서 장애인이란 보통 사람과 그리 다르지 않다. 과한 친절이나 과한 배려보다는 소소하게 챙겨주는 게 그들에게 더 좋을지도 모른다고 생각하고 있다.

이 책에 등장하는 일본이화학공업의 회장도 어쩌면 이러한 소소한 배려를 하는 사람 같다.

일본이화학공업은 직원의 70퍼센트가 지적장애인이라고 한다. 그러나 이 회사의 회장은 장애인 직원을 옆에 끼고 모든 일을 세세하게 알려주지 않는다. 다만, 지적장애인들의 행동을 보고 일정한 법칙을 만든 후에 그들이 일을 잘할 수 있는 환경을 조성해준다.

어쩌면 이것이 가장 좋은 복지가 아닐까 싶다. 겉보기식이 아닌 본질을 정확하게 꿰뚫었으니 말이다.

우리나라는 다른 나라에 비해 장애인 복지에 야박한 것 같다.

새 정부가 들어서면서 복지정책을 늘리겠다고 했지만, 그것 또한 곱지 않은 시선으로 바라보는 사람들도 있다.

복지도 양보다 질이 중요하다.

일본이화학공업의 회장이 한 것처럼 질을 탄탄하게 만들면 양은 자연히 따라올 것이다.

이 책을 번역하면서 가장 가슴에 남은 말이 있다. 그것은 일본이화학공업의 회장인 오야마 야스히로가 한 말이다.

"나는 지적장애인을 고용했지만, 오히려 내가 그들에게 일하는 기쁨을 배웠습니다."

우리도 언젠가 이 마음을 깨달을 수 있을 것이다.